V&R

Christian Müller

Digitale Kommunikation und Soziale Arbeit

Menschen im digitalen Raum erreichen

VANDENHOECK & RUPRECHT

Mit 3 Abbildungen

Bibliografische Information der Deutschen Nationalbibliothek:
Die Deutsche Nationalbibliothek verzeichnet diese Publikation in der Deutschen Nationalbibliografie; detaillierte bibliografische Daten sind im Internet über https://dnb.de abrufbar.

Satz: SchwabScantechnik, Göttingen
Druck und Bindung: ⊕ Hubert und Co, Göttingen
Printed in the EU

Vandenhoeck & Ruprecht Verlage | www.vandenhoeck-ruprecht-verlage.com

ISBN 978-3-525-70317-5

Inhalt

Vorwort

Twitter (mittlerweile umbenannt in »X«) gehört Elon Musk, Datenschutzbehörden wollen Ministerien die Nutzung von Facebook-Seiten verbieten und TikTok dominiert die Social-Media-Welt. Onlineberatung sowie Blended Counseling sind von Nischenangeboten zu viel diskutierten Ansätzen geworden und die Zahl der Apps, die explizit für den Gesundheits- und Sozialbereich entwickelt werden, wächst kontinuierlich an. Das klingt nach einer Menge Veränderungen und zahlreichen, auf den ersten Blick sehr unterschiedlichen Themen, oder? Alle haben jedoch eines gemeinsam: Sie gehören entweder digitaler Kommunikation an oder sind mit ihr verbunden. Und es fehlen noch viele weitere Facetten dieses sehr breiten und umfassenden Themas.

In diesem Buch versuche ich daher nicht, alle nur denkbaren Aspekte und Bereiche der digitalen Kommunikation für die Soziale Arbeit zu beleuchten. Das würde den Rahmen eines Buches bei Weitem übersteigen und vieles würde – was auch hier trotzdem teilweise der Fall sein wird – bei der Veröffentlichung schon wieder von aktuellen Entwicklungen überholt sein. Digitale Kommunikation entwickelt sich rasend schnell – technisch und sozial.

Angesichts dieser Realität hat das vorliegende Buch drei praxisorientierte Ziele:

1. Wichtige Facetten und Aspekte der digitalen Kommunikation sichtbar zu machen,
2. die Praxisrelevanz digitaler Kommunikation für die Soziale Arbeit aufzuzeigen
3. und angehenden, neuen und berufserfahrenen Fachkräften der Sozialen Arbeit praktisch nutzbare Informationen und Impulse anzubieten.

Auch wenn ich in den Kapiteln immer wieder auf Quellen verweise, ist dieses Buch keine wissenschaftliche Arbeit und hat auch nicht deren Anspruch. Daten, Studien, Bücher und Onlinemedien werden immer dann genannt, wenn sie weiterführende oder vertiefende Informationen bieten. Bei den meisten Quellen liegt der Fokus auf einem möglichst einfachen Zugang für Sie, liebe Leser*innen. Daher habe ich, wo immer möglich, auf frei zugängliche Onlinequellen oder Bücher zurückgegriffen, die in Bibliotheken verfügbar sind. Die meisten Quellen nutzen ihrerseits weitere Fachquellen und stellen so einen hervorragenden Rechercheeinstieg dar, wenn Sie Wissen in einem Themenbereich vertiefen wollen. Alle Quellen, die in diesem Buch verwendet werden, finden Sie auch hier:

www.sozial-pr.net/die-seite-zum-buch-digitale-kommunikation-und-soziale-arbeit.de

Ein großer Teil des Buches basiert jedoch auf den Erfahrungen von Fachkräften und Klient*innen der Sozialen Arbeit. Einige Personen konnte ich explizit für dieses Buch interviewen und nenne sie namentlich. Ein Teil der Erfahrungen stammt von Interviewpartner*innen meiner Podcast-Aufnahmen und aus Interviews, die ich unabhängig von diesem Buch geführt habe. Mehrere Menschen, die eher zufällig zu diesem Buch beitrugen, durfte ich in Workshops und Projekten kennenlernen. Und manche Impulsgeber*innen haben ihre Erfahrungen unter der Maßgabe der Anonymität mit mir geteilt. Sie kommen unter geänderten Namen zu Wort.

Wenn Sie, liebe*r Leser*in, Inhalte des Buches bei Ihrer Arbeit einsetzen können und es Ihnen weiterhilft, dann freue ich mich, wenn Sie mir Ihre Erfahrungen damit unter buch@sozial-pr.net (unter Angabe des Buchtitels) zusenden. Dies gilt auch, wenn Sie Feedback mit mir teilen möchten. Die Nachrichten dürfen gern per Du sein.

Jetzt wünsche ich Ihnen viel Freude mit dem Buch und hoffe, dass Sie neben einigen kurzweiligen Stunden auch Nutzen für Ihre Arbeit daraus ziehen können.

Und da es am Ende des Buches niemand liest, nutze ich hier die Gelegenheit, mich bei den Menschen zu bedanken, die dieses Buch möglich gemacht haben. Stephanie Kowalski, meiner Frau, ohne die ich sicherlich aufgegeben hätte. Kira Subkowski und Alexandra Konotopez, meinen Kolleginnen, die mir den Rücken freigehalten haben. Madlen Koslowski, meiner Lektorin, die mich wunderbar begleitet hat. Und natürlich den Verlagsmitarbeiter*innen, allen voran meiner direkten Ansprechpartnerin Merle Tiaden, die mit mir als Neu-Autoren eine Engelsgeduld hatten. Danke euch allen.

1 Digitale Kommunikation und Soziale Arbeit: Passt das zusammen?

Soziale Arbeit, generell soziale Berufe, haben in Deutschland einen nicht ganz einfachen Stand. So zeigt beispielsweise die Sinus-Jugendbefragung »Kindertagesbetreuung & Pflege – attraktive Berufe?« (Borgstedt, 2020), dass zwar 44 Prozent der befragten Jugendlichen soziale und pädagogische Berufe interessant und sinnstiftend finden, jedoch 76 Prozent der Befragten das Gehalt, konkret im Bereich der Kindertagesbetreuung, als zu gering einstufen. Zusätzlich sehen 56 Prozent der Befragten die Aufstiegsmöglichkeiten in diesem Bereich als schlecht an.

Die Ergebnisse dieser Onlineumfrage lassen sich natürlich nicht eins zu eins auf alle Berufe im sozialen Bereich übertragen, doch zeigen sie eine Tendenz auf, die mir bereits in meiner Studienzeit, die schon einige Jahre zurückliegt, deutlich wurde. Wie viele meiner damaligen Kommiliton*innen hörte auch ich Sätze wie: »Ich würde auch gern fürs Kaffeetrinken und Reden bezahlt werden.« Dieser Eindruck von Sozialer Arbeit beschränkt sich leider nicht nur auf die Außenwahrnehmung. Auch manche Sozialarbeitende, und leider auch Studierenden der Sozialen Arbeit, tun sich schwer damit, die Soziale Arbeit als Profession zu verstehen.

Daher möchte ich bereits zu Beginn dieses Buches dessen zugrunde liegendes Verständnis Sozialer Arbeit erläutern. Es geht auf Silvia Staub-Bernasconi zurück, die unter anderem das Konzept des Triplemandats entwickelte. Eine hervorragende Erklärung zum Triplemandat findet sich auf YouTube (Ems, 2022) und bei socialnet (Lutz, 2020). Sie hat das Paradigma der Sozialen Arbeit als Menschenrechtsprofession (Kunze, 2019) etabliert. Dabei bezieht Sie sich unter anderem auf die globale Definition von Sozialarbeit (IFSW, 2018), in der es heißt:

> »Soziale Arbeit ist ein praxisorientierter Beruf und eine akademische Disziplin, die gesellschaftlichen Wandel und Entwicklung, sozialen Zusammenhalt sowie die Ermächtigung und Befreiung von Menschen ermöglicht. Grundsätze der sozialen Gerechtigkeit, der Menschenrechte, der kollektiven Verantwortung und der Achtung der Vielfalt sind zentrale Elemente der Sozialen Arbeit. Untermauert durch Theorien der Sozialarbeit, Sozialwissenschaften, Geisteswissenschaften und indigenes Wissen, engagiert Sozialarbeit Menschen und Strukturen, um sich den Herausforderungen des Lebens zu stellen und das Wohlbefinden zu steigern.« (übersetzt durch Autor)

Dieses Verständnis Sozialer Arbeit ist Basis aller Gedankengänge, Informationen und Einordnungen der im Buch zitierten Impulse und Erfahrungen.

Was hat das mit digitaler Kommunikation zu tun? Aus meiner Sicht sehr viel. Neben dem fehlenden Professionsverständnis wird Sozialarbeitenden, auch aus den eigenen Reihen, nicht selten die Affinität zur digitalen Kommunikation und Technik abgesprochen. Sätze wie »Wir arbeiten mit Menschen, nicht mit Technik« sind noch freundliche Formulierungen, wenn es um digitale Neuerungen geht.

Wie beim professionellen Selbstverständnis ist auch beim Thema Technikaffinität mehr Selbstbewusstsein der Sozialen Arbeit gefragt. Mein Team und ich durften in den letzten Jahren mit dutzenden Einrichtungen im Sozialbereich und, verteilt über Vorträge, Workshops und Beratungsprojekte, hunderten Fachkräften arbeiten. Unsere Erfahrung und die von zahlreichen Kolleg*innen, die in verschiedenen Arbeitsfeldern die digitale Soziale Arbeit voranbringen, widerspricht technikaversiven Einschätzungen deutlich. Fachkräfte der Sozialen Arbeit sind keine homogene, technikfeindliche Gruppe. Sie sind diverse und vielseitige Menschen mit ganz unterschiedlichen Zugängen zu digitalen Themen und Technik. Das bestätigen beispielsweise auch Dr. Sabine Klingler und Andrea Mayr im Podcast-Interview zu ihrem Projekt »digi@socialwork« (Müller, 2022), das sie an der Universität Graz durchgeführt haben:

»Ein Highlight kommt mit Sicherheit aus der offenen Jugendarbeit, die, zumindest in Österreich, ressourcenmäßig sehr schlecht ausgestattet ist. […] [V]or dem Hintergrund der Coronapandemie, stellte sich die Frage: Wie können wir in Kontakt bleiben? Alle sitzen zu Hause und es geht darum, sich irgendwie auf gewisse Art und Weise wieder zu begegnen, Themen zu diskutieren, Unterstützungen auch anzubieten. Wie kann das funktionieren? Dieser Bereich der offenen Jugendarbeit ist zwar auch einer, wo viele Mitarbeiter und Mitarbeiterinnen und Fachkräfte auch sehr technikaffin sind, aber eben nicht alle. Auch hier ist das Feld sehr gemischt, man hat sich gemeinsam partizipativ angenähert […].«

Klar, nicht jede Fachkraft der Sozialen Arbeit ist sofort Feuer und Flamme, wenn es um digitale Arbeitsweisen und Kommunikationswege geht. Das liegt nicht am Digitalen per se, zumindest zeigt das die Erfahrung aus der Arbeit meines Teams, sondern eher daran, dass neue Arbeitsweisen und Kommunikationswege Veränderungen mit sich bringen. Da Veränderungen meist Disruptionen, mehr Arbeit und temporäre Unsicherheiten im Schlepptau haben, ist mangelnde Euphorie durchaus nachvollziehbar. Vor allem dann, wenn die Veränderungen nicht intrinsisch motiviert sind, sondern »von oben«, von der Einrichtung, dem Träger oder der Leitungsebene, vorgegeben werden und das Warum möglicherweise nicht ausreichend erklärt wird. Fehlen zusätzlich noch Partizipationsmöglichkeiten, um die Veränderungen mitzugestalten, geht die Motivation verständlicherweise gegen null.

Werden Fachkräfte im Gegensatz dazu jedoch an digitalen Veränderungen beteiligt, beispielsweise an der Einführung einer Onlineberatungsplattform, und werden die Zielsetzung und Motivation dafür erklärt, sieht die Lage meist völlig anders aus. Sicherlich wird nicht jede*r in diesem Szenario zum bzw. zur glühenden Befürworter*in des digitalen Werkzeugs, doch unserer Erfahrung nach bringen sich mit dieser Vorbereitung fast alle Fachkräfte mit ihrer Expertise in den Prozess ein und gestalten die neue, digitale Arbeitsweise aktiv mit.

Ob und wie stark sich Fachkräfte auf digitale Neuerungen einlassen, ist nicht nur vom Führungsstil und der Einladung zur Partizipation abhängig, sondern auch von den Rahmenbedingungen und Möglichkeiten. Dazu sagt Andrea Mayr im bereits erwähnten Podcast-Interview zum Projekt »digi@socialwork« (Müller, 2022):

> »[M]it dem Hinweis, dass Zeit eine wesentliche Ressource ist und einen wesentlichen Einfluss hat. Da konnten wir im Projekt etwas dazu beitragen, nämlich innerhalb dieser Ideen-Labs, in denen die Teilnehmenden diese Zeit und diesen Raum zur Verfügung hatten, um organisationsübergreifend zu denken und um sich hier auszutauschen.«

An dieser Stelle schließt sich der Kreis zum eingangs genannten Verständnis der Sozialen Arbeit als Menschrechtsprofession. Denn die nötigen Freiräume und Zeitpuffer, um sich mit digitalen Neuerungen in der Sozialen Arbeit zu befassen, entstehen nicht von selbst. Sie können nur durch die aktive Veränderung der Rahmenbedingungen der Sozialen Arbeit erreicht werden. Das folgende praktische Beispiel soll dies verdeutlichen:

In der Sozialberatungsstelle »Offen für alle« soll aufgrund der klar formulierten Bedarfe des Klientels ein Blended-Counseling-Modell, eine Kombination von Off- und Onlineberatung, etabliert werden. Nach langem Ringen werden die Mittel für die Einführung einer Onlineberatungsplattform und die Schulung der Fachkräfte zum Umgang damit bewilligt. Die für die Schulung nötige Zeit wird in den Dienstplänen freigeräumt, die Plattform eingekauft und aufgesetzt. Vier Monate später ist die Nutzung jedoch sehr überschaubar. Sowohl die Einrichtung als auch Kostenträger und Fachkräfte, von den Klient*innen ganz zu schweigen, sind frustriert. Der Grund dafür ist simpel: Professionelles Blended Counseling braucht nicht nur digitale Technik, sondern vor allem ein fachliches Konzept. In diesem werden die bestehenden und neuen Beratungsmöglichkeiten fachlich sinnvoll kombiniert. Außerdem werden Regeln etabliert, die dabei helfen, die richtigen Kommunikations- und Beratungswege zum richtigen Zeitpunkt im Beratungsprozess zu nutzen. Doch für die Entwicklung des essenziellen fachlichen Konzepts waren weder die Zeit noch die Mittel vorgesehen. Sie wurden schlicht nicht finanziert, weil nur die technische, nicht jedoch die fachliche Komponente in der Kalkulation eingepreist war. »Offen für alle« ist damit leider nicht allein.

Die Sozialberatungsstelle »Offen für alle« existiert tatsächlich. Name und Ort habe ich jedoch auf Wunsch des Teams und der Einrichtungsleitung geändert. Wir werden ihr in späteren Kapiteln wieder begegnen.

Christine Lohn, Geschäftsführerin der Bundesarbeitsgemeinschaft Evangelische Jugendsozialarbeit e. V., bringt im Interview mit contec (Lohn, 2022) das grundlegende Problem auf den Punkt, dass auch bei »Offen für alle« spürbar wird:

> »Die Kolleg*innen reflektieren professionell und erkennen regelmäßig, dass sie Dinge tun, die sie nicht tun sollten und/oder nicht in der Qualität, die ihrem professionellen Anspruch entspricht. Und zwar, weil der Auftrag ein anderer ist, die Ressourcen nicht genügen, der Projektzeitraum begrenzt ist […]. Sie tun es aber trotzdem und sind nicht laut (genug), um politische Veränderungen herbeizuführen.«

Die Erfahrung aus »digi@socialwork« bestätigen, was auch die Fachkräfte, die im Buch zu Wort kommen, sagen: Digitale Kommunikation und Soziale Arbeit passen sehr gut zusammen – wenn die Voraussetzungen dafür vorhanden sind und die digitalen Möglichkeiten fachlich reflektiert angegangen und genutzt werden.

Bei beiden Aspekten gibt es noch Entwicklungsbedarf. Denn die Voraussetzungen für digitale Kommunikation in der Sozialen Arbeit sind vielerorts noch nicht geschaffen. Die Gründe dafür sind vielfältig, sie reichen von mangelnder Refinanzierung durch Kostenträger über Prioritätensetzung von Trägern und Einrichtungen bis hin zu Personal- und Zeitmangel für die Einrichtung und Durchführung digitaler Angebote. Andererseits mangelt es, ebenso bedingt durch den gerade beschriebenen Zeitmangel, auch an der fachlichen Reflexion und der Beschäftigung mit digitalen Möglichkeiten. Selbst so scheinbar banale Ansätze wie die Aktualisierung einer Website oder die Einführung eines Messenger-Angebotes bringen zahlreiche Fragen und Aspekte mit sich, die aus fachlicher und organisatorischer Sicht geklärt werden müssen. Fachkräfte der Sozialen Arbeit können diese Fragen beantworten und digitale Kommunikationsmöglichkeiten fachlich sinnvoll nutzen – wenn sie über die dafür nötige Zeit und die nötigen Ressourcen verfügen. Erst dann passen digitale Kommunikation und Soziale Arbeit nicht nur theoretisch, sondern auch praktisch zusammen.

2 Wie digital ist die Lebenswelt der Klient*innen?

Ein Blick auf die jährlich erscheinende Onlinestudie von ARD und ZDF zeigt, dass achtzig Prozent der deutschsprachigen Bevölkerung ab 14 Jahren das Internet täglich nutzen. Fast noch wichtiger ist: Die Zahl der Internetnutzenden ist in den letzten Jahren kontinuierlich gestiegen. Auch die tägliche Nutzungsdauer, 234 Minuten bei allen Erwachsenen ab 14 Jahren, 413 Minuten bei den 14- bis 29-Jährigen, macht deutlich, dass das Internet, Onlinedienste und digitale Informations- und Kommunikationsformen im Alltag der meisten deutschsprachigen Menschen angekommen sind.

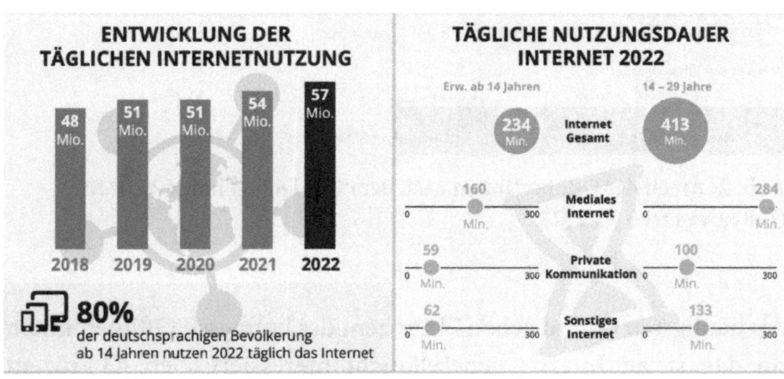

Abb. 1: ARD/ZDF-Onlinestudie 2022 (ARD/ZDF-Forschungskommission, 2022)

Diese Zahlen sind angesichts der stetig wachsenden Durchdringung des Alltags von digitalen Technologien und Diensten nicht verwunderlich. Tickets im Nahverkehr werden stärker auf Apps ausgelagert, kontaktloses Bezahlen mit dem Smartphone erlebte während der Coronapandemie einen wahren Boom (Tagesschau Redaktion, 2023), Onlinebanking wird aufgrund reduzierter Filialzahlen immer mehr zur Notwendigkeit und Social Media und Messenger werden laut D21 Digital Index von 82 Prozent der Menschen in Deutschland genutzt (Initiative D21 e. V., 2023).

Die Zahlen sprechen eine deutliche Sprache. Damit ist klar: Der Alltag und die Lebenswelt von Klient*innen sind digital. Daher ist digitale Kommunikation für die Soziale Arbeit essenziell und muss in den Fokus der Arbeit rücken. Oder etwa nicht?

Sie werden es schon anhand der Formulierung ahnen: So einfach ist es nicht. Die Realität ist komplex und diese Komplexität ist einer der Gründe, warum sich Fachkräfte der Sozialen Arbeit mit digitaler Kommunikation befassen sollten.

Einen Teil dieser Komplexität machen neun Prozent aus. Dieser Anteil der deutschen Bevölkerung bezeichnet sich laut Digital Index D21 als Offliner*innen (Initiative D21 e. V., 2022).

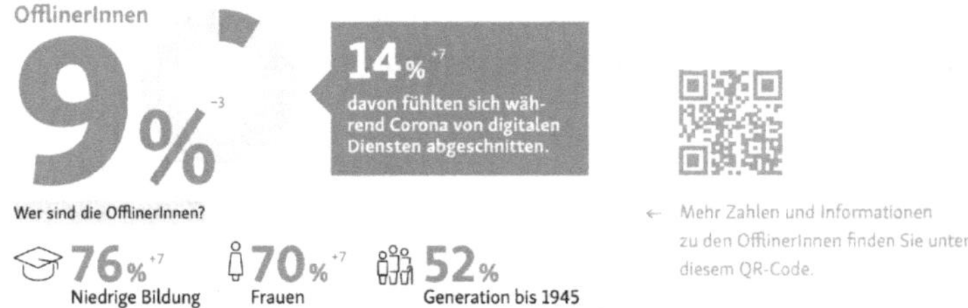

Abb. 2: Anteil der Offliner*innen nach dem D21 Digital Index 2021/2022 (Initiative D21 e. V., 2022)

Als häufigsten Grund geben 71 Prozent der befragten Offliner*innen an, dass sie am Internet generell nicht interessiert seien. 43 Prozent sagen, dass ihnen der Einstieg zu kompliziert wäre. Auch Faktoren wie fehlende finanzielle Mittel für die Anschaffung von Geräten und einem Internetzugang sowie der subjektiv fehlende Nutzen (48 Prozent) sind Gründe für die Onlineverweigerung.

Auch wenn die Zahl der Offliner*innen zwischen dem Digital Index 2021/2022 zum Digital Index 2022/20233 (Initiative D21 e. V., 2023) um drei Prozent gesunken ist, sind diese Zahlen für die Soziale Arbeit relevant. Selbst wenn es keine Dunkelziffer gäbe und 91 Prozent der deutschen Bevölkerung alle digitalen Möglichkeiten voll nutzen könnten, was ganz sicher nicht der Fall ist, können und dürfen Angebote der Sozialen Arbeit die Menschen, die hinter diesen neun Prozent stehen, nicht ignorieren oder ausschließen.

Also ja, digitale Kommunikation ist für die Soziale Arbeit wichtig, sie darf aber analoge und etablierte Angebote nicht komplett verdrängen und sollte nicht zu viele Ressourcen binden. Das gilt übrigens auch mit Blick auf die Menschen, die ihren Alltag sehr digital gestalten. Denn ein digital geprägter Alltag bedeutet nicht automatisch, dass Menschen auch die Angebote der Sozialen Arbeit und ihre Dienste digital kontaktieren und nutzen wollen.

Digitale Dienste sind überall - oder?

Wird der Alltag der Menschen nicht immer digitaler? Ist ein digitaler Zugang zu Dienstleitungen und Informationen nicht inzwischen Standard? Und muss das dann nicht auch für die Angebote der Sozialen Arbeit gelten?

Berechtige Fragen, die umfassendere Antworten erfordern. Beginnen wir mit den ersten beiden: Die Zahl der Lebensbereiche, in denen Produkte und Dienstleistungen digital zugänglich sind und online gekauft oder genutzt werden können, ist während der Coronapandemie gewachsen. Lieferdienste für Essen waren davor bereits normal, doch Lieferservices von Supermärkten oder Bringdienste, die Einkäufe oder Getränke nach Hause liefern, erlebten während der Pandemie und den mit ihr verbundenen Kontaktbeschränkungen einen wahren Boom. Auch die Nutzung von Messenger-Gruppen – in unserer Arbeitspraxis vor allem auf Telegram und WhatsApp – als digitale Koordinationskanäle für Nachbarschaftshilfe und selbstorganisierte Unterstützungsangebote stieg während der Pandemie rasant an. Ähnliches galt auch für digitale Plattformen, die Nachbarschaftshilfe koordinieren.

Die immer stärkere digitale Durchdringung des Alltags und damit auch der Lebenswelt der Adressat*innen der Sozialen Arbeit zeigt sich auch in banalen Situationen, die Sie vermutlich aus eigener Erfahrung kennen. Wann hatten Sie beispielsweise zuletzt eine Diskussion im Familien- oder Freundeskreis über eine Zahl oder einen Fakt, die nicht mit dem Satz »Das schau ich kurz nach« und dem Griff zum Smartphone endete? Wie reagieren die Menschen am Bahnsteig, wenn eine Zugverspätung angekündigt wird? Die meisten holen das Smartphone aus der Tasche, falls sie es nicht schon in der Hand haben, und schauen nach Alternativen, informieren andere Menschen via Messenger oder öffnen Social Media, ein Spiel, Buch oder Video, um die drohende Leerlaufzeit zu überbrücken.

Wenn Sie Jugendliche kennen oder gar selbst jugendliche Kinder haben, wissen Sie, dass der Austausch via Messenger, sei es per Textnachricht, mit GIFs und Emojis oder via Sprachnachricht und Video, ganz oben auf der Kommunikationsliste steht. Manchmal finden solche Messenger-Konversationen sogar von einer Ecke des Raumes in die andere statt.

Dieses Verhalten mag bei der einen oder dem anderen Kopfschütteln auslösen, ist mit etwas Abstand betrachtet im Kern jedoch gar nicht so neu. Nehmen wir nur die langen Gespräche via Sprach- oder Videonachricht auf Snapchat oder WhatsApp als Beispiel. Vor zwanzig oder dreißig Jahren gab es diese Kanäle und Technik noch nicht. Jedoch werden Sie sich wahrscheinlich an lange Telefonate mit der besten Freundin oder dem besten Freund erinnern, die sich, je nach Tarif, auch in entsprechend hohen Telefonrechnungen niederschlugen. War das wirklich so anders als die Messenger-Konversationen heute? Mit Blick auf die Bedeutung für die Freundschaft oder Beziehung der Jugendlichen untereinander ist das zugrunde liegende Prinzip sehr ähnlich.

Alle bisher genannten Beispiele scheinen dafür zu sprechen, dass sich Soziale Arbeit auf die digitale Kommunikation fokussieren und ihre Angebote unbedingt so digital wie möglich anbieten muss. Doch das wäre ein Trugschluss. Dass Menschen digitale Kommunikations- und Informationswege in verschiedenen Lebensbereichen nutzen, bedeutet nicht automatisch, dass das für alle Themen gilt. Während der Coronapandemie wuchs die Nachfrage nach Onlineberatung beispielsweise deutlich an, wie das e-beratungsjournal feststellt (Stieler/Lipot/Lehmann, 2022). Doch in allen Beratungsstellen, mit denen wir arbeiten durften, war das gefragteste Format nicht etwa via Video oder Chat, sondern die Telefonberatung. Eine Erfahrung, die Fachkräfte aus anderen Beratungsstellen, mit denen wir auf Fachtagungen und -konferenzen arbeiten und sprechen durften, bestätigen.

Die Gründe dafür sind leider nicht systematisch und flächendeckend erfasst, doch eine oft geäußerte Vermutung ist, dass bei sensiblen und heiklen Themen, die für die Rat- und Hilfesuchenden besonders wichtig sind, der persönliche Kontakt bevorzugt wird. Manche Rat- und Hilfesuchenden bestätigen diesen Eindruck im Erstgespräch bei den verschiedenen Beratungsstellen. Ein weiterer Faktor, der zumindest für einen Teil der Anfragenden eine Rolle spielt: Das während der Coronapandemie als Zoom-Müdigkeit bekannt gewordene Phänomen. Zoom-Müdigkeit beschreibt den Zustand, dass Menschen, bedingt durch die Kontaktbeschränkungen im Rahmen der Coronapandemie, so viele Videokonferenzen über sich ergehen lassen mussten, dass die Begeisterung für das Medium in Müdigkeit, Frustration und Abneigung umschlug. Dieses Prinzip der Gewöhnung und Übersättigung ist nicht neu. Für Menschen ist immer das wertvoll und besonders, was vom Normalfall abweicht. Da Videokonferenzen durch Homeoffice und Remote-Arbeit normal wurden, wurden andere Medien dadurch attraktiver. Und da für heikle Themen persönlicher Kontakt wichtig ist, war der Kommunikationskanal am attraktivsten, der persönlichen Austausch möglich machte und nichts mit Videokonferenzen zu tun hatte: das Telefon.

Wie privat darf es sein?

Es gibt zwei weitere Aspekte, die dafür ausschlaggebend sein können, dass digitalaffine und digital aktive Menschen die Angebote und Dienstleistungen der Sozialen Arbeit nicht online nutzen wollen.

Der erste Aspekt ist: Manche Kommunikationswege und -kanäle sind privat. Damit sind keine technischen Aspekte wie Verschlüsselung, Anti-Tracking-Maßnahmen oder Werbefreiheit gemeint. Privat bezieht sich hier auf die Einordnung und Nutzung des Kommunikationskanals durch die Menschen. Jugendliche sind beispielsweise auf vielen digitalen Kanälen aktiv. Drei beliebte sind aktuell TikTok, Snapchat und WhatsApp. Dort kommunizieren sie mit ihrem sozialen Netzwerk und tauschen sich aus. Gerade weil sie dort viel mit Freunden und wichtigen Menschen schreiben, können diese beiden Kanäle beispielsweise für Beratungsangebote tabu sein. Würde eine Beratung via WhatsApp angeboten (die Datenschutzproblematik klammern wir hier für den Moment aus), würde der bzw. die Berater*in in einen subjektiv als privat wahrgenommenen Kanal eindringen. Das könnte als übergriffig und störend empfunden werden und damit die für die Beratung wichtige Vertrauensgrundlage von Beginn an unterminieren oder verhindern.

Wichtig ist hier die Formulierung. Diese Wirkung *kann* eintreten, sie muss es jedoch nicht. Manche Adressat*innen wählen bewusst häufig genutzte und als privat wahrgenommene Kommunikationskanäle für den Austausch mit Fachkräften der Sozialen Arbeit, weil sie die Kanäle bereits kennen, problemlos bedienen können und ihnen das Thema so wichtig ist, dass sie es in diesem für sie wertvollen Kanal haben wollen. Sie merken, dass es keine allgemeingültige, für alle Menschen gleichermaßen anwendbaren Regeln oder Handlungsempfehlungen gibt. Auch bei digitalen Angeboten der Sozialen Arbeit, sei es kommunikativ oder in Bezug auf die konkreten Dienstleistungen, müssen die Bedarfe der Menschen abgefragt und berücksichtigt werden. Genauso wie bei analogen Angeboten.

Der zweite Aspekt, der digitalaffine Menschen dazu bringen kann, Angebote der Sozialen Arbeit bewusst *nicht* digital in Anspruch zu nehmen, hat mit dem gefühlten Wert und der Bedeutung der Themen und Angebote zu tun.

Um zu verdeutlichen, was ich damit meine, lade ich Sie zu einem kurzen Gedankenexperiment ein. Wenn Sie vor dem Jahr 2000 geboren sind, erinnern Sie sich bestimmt noch an die Zeit, in der E-Mails etwas Besonderes und Briefe normal waren. In Zeiten von Dial-Up-Modems und ISDN-Anschlüssen war der Empfang von E-Mails nicht nur mit viel Zeitaufwand verbunden, die E-Mails stammten in der Regel auch von Menschen, die Sie kannten und von denen Sie hören wollten. Spulen wir gedanklich in die Gegenwart vor. Im Jahr 2023 sind E-Mails so normal geworden, dass in den meisten digitalen Postfächern mehr Werbung als Nachrichten von Menschen ankommen. Das Öffnen des E-Mail-Postfaches ist eher eine lästige Pflichtübung denn ein Grund zur Freude. Kommen jedoch Briefe, noch dazu handschriftlich verfasste, von Freunden oder Bekannten an, haben diese einen ganz anderen Stellenwert. Da sie selten sind, sind sie automatisch wertvoller.

Was hat das mit den Angeboten der Sozialen Arbeit zu tun? Für manche Menschen eine ganze Menge. Geht es um Unterstützung zu wichtigen Themen, seien es zum Beispiel psychosoziale Beratung, die Annäherung an ein familiäres Problem oder die Beschäftigung mit Sucht oder Schulden, so können die gewohnten digitalen Kommunikationskanäle zu banal und in der subjektiven Wahrnehmung nicht ausreichend für einen so wichtigen Austausch sein. Manche Menschen wollen Informationen und Beratung zu für sie außergewöhnlich wichtigen Themen bewusst in persönlicheren und analogeren Kommunikationskanälen abbilden und so der Bedeutung angemessen kommunizieren.

Was bedeuten diese Erfahrungen und Beispiele für die Praxis? Die Antwort ist simpel: Auch wenn es um digitale Kommunikation geht, gilt für die Soziale Arbeit der Grundsatz der Nutzer*innenzentrierung. Die Frage ist nicht primär, was Einrichtungen, Träger oder Fachkräfte digital anbieten wollen, sondern was Adressat*innen an digitalen Angeboten brauchen. Mein Team und ich können aus Gesprächen mit zahlreichen Fachkräften sagen, dass es fast kein Angebot der Sozialen Arbeit gibt, das ausschließlich digital angeboten werden sollte. In den allermeisten Fällen geht es darum, die bestehenden analogen Angebote digital auszubauen und mit digitalen Möglichkeiten zu kombinieren. Es ist sowohl technisch, organisatorisch als auch fachlich anspruchsvoller, ergänzende digitale Angebote zu entwickeln, jedoch wird es dem praktischen Bedarf der adressierten Menschen gerechter.

Eine weibliche Fachkraft, wir nennen sie hier Gudrun (der Name wurde auf ihren Wunsch geändert), die seit mehr als 15 Jahren im Suchtbereich arbeitet, brachte das in einem Workshop auf den Punkt:

> »Die Menschen, die zu uns kommen, brauchen keine Messenger oder Videochats. Die brauchen Unterstützung, Information und Begleitung. […] Dann geht's darum, wie wir die am besten bieten können – und da werden dann die ganzen digitalen Sachen wichtig. Ich bin wirklich nicht begeistert von dem neuen Technikkram, aber wenn ich meinen Leuten damit helfen und Kontaktausfall vermeiden kann, muss ich mich damit halt beschäftigen.«

Wird digitale Soziale Arbeit zum Standard?

»Das klingt alles gut und sinnvoll. Müsste das dann nicht eigentlich Standard in allen Arbeitsfeldern werden?« Diese Frage habe ich in den letzten Jahren vor allem von Studierenden der Sozialen Arbeit, mit denen ich in Workshops und Trainings arbeiten durfte, immer wieder gehört. Für einige von ihnen ist klar, dass digitale Angebote, und damit digitale Soziale Arbeit, unverzichtbar sind und der Standard sozialer Dienstleistungen sein sollten.

Wer jetzt davon ausgeht, dass die Begeisterung für Digitales bei allen Studierenden der Sozialen Arbeit gleichermaßen vorhanden ist, täuscht sich. Denn sobald die eingangs genannte Frage gestellt wird, entbrennt in den Gruppen eine leidenschaftliche Diskussion. Manche sind davon überzeugt, dass Angebote der Sozialen Arbeit primär digital entwickelt werden müssten und unverzichtbar sind. Andere sehen in der digitalen Sozialen Arbeit einen Luxus, den sich der Sozialbereich angesichts von Budgetkämpfen, Personalknappheit und steigenden gesellschaftlichen und politischen Erwartungen schlicht nicht leisten kann. Eine weitere Gruppe hält digitale Kommunikation nur im Kontext von Öffentlichkeitsarbeit und medial ausgerichteter Bekanntmachung von Angeboten für sinnvoll, will aber von digitaler Sozialer Arbeit, bei der auch die klient*innenorientierten Angebote digital erweitert werden, nichts wissen.

Natürlich sind Diskussionen unter Studierenden nicht repräsentativ, jedoch sind die hier zutage tretenden Meinungspole auch bei Fachkräften aus verschiedenen Arbeitsfeldern anzutreffen.

Aus meiner Sicht ist die Frage, ob digitale Soziale Arbeit zum Standard wird, eine fehlgeleitete Diskussion und Zeitverschwendung. Um diese etwas harte Aussage zu erläutern, ist zunächst die Definition des Standard-Begriffes wichtig. Der Duden beschreibt die Bedeutung des Begriffs Standard wie folgt (Duden, 2023): »etwas, was als mustergültig, modellhaft angesehen wird und wonach sich anderes richtet: Richtschnur, Maßstab, Norm«.

Diese Definition verdeutlicht aus meiner Sicht, dass digitale Soziale Arbeit an sich kein Standard sein kann. Denn dazu müsste zunächst weitgehende Einigkeit darüber bestehen, was genau unter digitaler Sozialer Arbeit zu verstehen ist und dass sie als handlungsleitende Richtschnur für die Arbeit von Fachkräften und die Entwicklung von Angeboten der Sozialen Arbeit dienen soll. Diese Diskussion kann zwar geführt werden, jedoch ist sie müßig.

Digitale Soziale Arbeit zu definieren, ist eine einfache Übung. Es handelt sich um Dienstleistungen und Angebote der Sozialen Arbeit, die mit digitalen Mitteln und/oder im digitalen Raum bereitgestellt und durchgeführt werden. Doch bei der Frage, ob dieser Ansatz für alle Arbeitsfelder und Angebote handlungsleitend sein soll, beginnt der aus meiner Sicht sinnlose Teil der Diskussion. Denn sowohl für die praktische Arbeit mit Klient*innen als auch für die fachliche Entwicklung der Profession und für die sozialpolitische Lobbyarbeit ist sie komplett unbedeutend. Es ist schlicht nicht relevant, ob digitale Soziale Arbeit zum neuen Standard wird oder nicht. Entscheidend sind hier anderen Fragen. Die aus meiner Sicht wichtigsten unter ihnen sind:

- In welchen Arbeitsfeldern und für welche Angebote ist der Ansatz der digitalen Sozialen Arbeit fachlich sinnvoll?
- Welche Probleme kann digitale Soziale Arbeit adressieren und lösen?
- Welche Standards entwickelt die Soziale Arbeit für digitale Angebote in den verschiedenen Arbeitsbereichen?
- Welche bestehenden Standards und fachlichen Konzepte der Sozialen Arbeit können sinnvoll auf die digitale Soziale Arbeit angewendet werden?
- Wo liegen die Chancen und Grenzen digitaler Sozialer Arbeit?
- Wie fügt sich digitale Soziale Arbeit in die bestehenden Angebote und bereits etablierte Soziale Arbeit ein?
- Wie kann digitale Soziale Arbeit als Teil des Arbeitsspektrums des Sozialbereiches auch gegenüber Kostenträgern und dem Gesetzgeber verankert und damit refinanziert werden?

Diese Liste ist nicht vollständig. Je nach Arbeitsfeld, Träger, Einrichtung, Aufgabengebiet und Rolle werden sicherlich weitere Fragen aufkommen. Entscheidend ist jedoch, dass wir, gemeint sind sowohl Fachkräfte der Sozialen Arbeit als auch Führungskräfte und Forschende in der Profession, uns nicht in sinnlosen Diskussionen verlieren, sondern Energie und Zeit für die relevanten Fragen aufbringen. Schlussendlich muss es darum gehen, Angebote und Möglichkeiten der digitalen Sozialen Arbeit zum Wohle der Menschen, für die die Soziale Arbeit eintritt, zu nutzen – ganz ohne Ego-Diskussionen und unnötige Positionskämpfe.

Klient*innenorientierte Ergänzung bestehender Angebote

Zu oft wird sich auf die scheinbare Konkurrenz von digitalen und analogen Angeboten konzentriert. Doch dieser Fokus ist fehlgeleitet. Neu begonnene oder zu etablierende Angebote teilen sich Ressourcen mit bestehenden Diensten. Führungskräfte und Träger sollten aber keinesfalls den Fehler begehen, digitale Angebote nebenbei mitmachen oder ihren Fachkräften zusätzlich aufbürden zu wollen. Wer digitale Kommunikation als Teil der digitalen Sozialen Arbeit sieht und mit dem nötigen fachlichen Anspruch angeht, kann den nötigen Schulungs- und Weiterbildungsaufwand sowie die zeitlichen und technischen Ressourcen, um diese Angebote qualitativ gut abzudecken, nicht ignorieren. Objektiv betrachtet gibt es eine Konkurrenz um Budget, Personal, Arbeitszeit und Ausstattung, wenn Angebote sozialer Einrichtungen von Anfang an analog und digital geplant werden.

Statt sich auf die Verteilung der ohnehin schon knappen Ressourcen zu fokussieren und sich mit dieser zufriedenzugeben, sollten Träger, Einrichtungen, Führungskräfte und Verbände der Sozialen Arbeit, Wohlfahrt und Sozialwirtschaft die Notwendigkeit, gespeist aus dem Bedarf der Adressat*innen und dem Nutzen der Angebote, deutlich machen und sich bei Gesetzgeber und Kostenträgern für eine Finanzierung der neuen Angebote und Leistungen einsetzen. Denn blenden wir die knappen Ressourcen temporär aus und legen den Fokus auf die digitalen Angebote für die Soziale Arbeit, dann wird schnell deutlich, dass es um eine Ergänzung, jedoch keinen Ersatz der bestehenden Angebote geht. Oder kennen Sie Beratungseinrichtungen, die ihre Präsenzberatung komplett und dauerhaft, nicht nur während der Coronapandemie, auf Onlineberatung umgestellt haben und keinerlei Kontakt vor Ort mehr anbieten? Mir ist keine bekannt und auch bei der Recherche zu diesem Buch konnte ich keine finden.

Natürlich gibt es rein digitale Angebote, die komplett neu entstehen. Ein Beispiel dafür ist das Projekt »Digital Streetwork Bayern« (Bayerischer Jugendring (BJR), 2023). Hier bieten Fachkräfte der Sozialen Arbeit Jugendlichen einen anonymen und kostenlosen Safe Space im digitalen Raum an, in dem alle Fragen und Probleme angesprochen werden können. Das Projekt beschränkt sich jedoch nicht auf die fast schon üblichen Kontaktangebote wie Telefon oder Chat. Das Team ist auch in den sozialen Netzwerken, namentlich Instagram, Reddit, Jodel, Twitch und TikTok, und in der Gaming-Szene aktiv. Hier ist das Team via Discord-Chat erreichbar und kann auch während Online-Gaming-Sessions, also dem gemeinsamen Spielen von Computerspielen verbunden mit Text- und Audio-Chat, angesprochen werden. Was auf den ersten Blick vielleicht nicht nach professioneller Sozialer Arbeit aussieht, ist tatsächlich eine konsequente, digitale Fortsetzung des aufsuchenden und lebensweltorientierten Streetwork-Ansatzes, der im Analogen längst Standard ist.

Ein Artikel der Süddeutschen Zeitung (Miethke, 2023), in dem die zum Projektteam gehörenden Sozialarbeiterinnen Sarah Rieger und Anna-Lena Keerl interviewt werden, beschreibt die Aufgabe so:

> »›Klassische Streetwork bedeutet, auf der Straße junge Menschen anzusprechen, sie zu unterstützen und Beziehungen aufzubauen‹, sagt Sarah. Etwas ungelenk ins Deutsche übersetzen könnte man das vielleicht mit ›Straßensozialarbeit‹. Doch statt auf dem Schulhof oder auf der Straße, suchen sie und ihre Kollegin Anna-Lena ihre Zielgruppe eben in den sozialen Medien auf. Dort, wo sich die Lebenswelt junger Menschen schon seit Jahren abspielt.«

Die Fachkräfte des Projekts gehen aktiv in die digitale Lebenswelt der Jugendlichen, geben sich dort, wie Streetworker*innen in der analogen Lebenswelt auch, klar als Sozialarbeiterinnen zu erkennen und machen Kommunikationsangebote. Dabei gelten die gleichen fachlichen Grundsätze wie im analogen Bereich, wie Sarah Rieger in diesem Interview hervorhebt:

»›Es gibt einen pädagogischen Ansatz, nach dem der Klient Experte für sich selbst ist‹, sagt Sarah. ›Das heißt: Die Person weiß natürlich besser, was sie braucht oder machen würde, als ich es tue, denn ich stecke nicht in deren Haut. Man arbeitet also viel mit Fragen, um zum einen die Gesamtsituation zu erfassen und um die Person selbst zum Nachdenken anzuregen: Was konkret will ich eigentlich? Was brauche ich? Welche Möglichkeiten habe ich?‹« (Miethke, 2023)

Der fachliche Anspruch an die Arbeit im digitalen Raum ist derselbe wie im analogen. Obwohl es sich bei »Digital Streetwork Bayern« um ein neu geschaffenes digitales Angebot handelt, steht es nicht in Konkurrenz zu bestehenden Streetwork-Angeboten. Das macht das Institut für Medienpädagogik, das die Entstehung eines Netzwerkes digitaler Streetworker*innen im Rahmen des Projektes begleitet, auf seiner Website (JFF – Institut für Medienpädagogik, 2021) deutlich. Hier heißt es:

»›Digital Streetwork‹ ist ein zusätzliches Zugangs- und Kontaktangebot, das sich als Ergänzung des bisherigen Spektrums aufsuchender Arbeit versteht. Es soll Streetworker*innen ermöglichen auch in stark mediatisierten Lebenswelten zu agieren.«

Digitale Streetwork wird als ergänzendes, bedarfs- und lebensweltorientiertes Angebot für Jugendliche und junge Erwachsene positioniert. Genau dieses Verständnis und diese Haltung sollte die zahlreichen Diskussionen um digitale Angebote der Sozialen Arbeit prägen. Es geht nicht darum, entweder komplett analog oder komplett digital zu arbeiten. Stattdessen sollten wir, als Fach- und Leitungskräfte in Einrichtungen und Diensten der Sozialen Arbeit, immer aus Sicht der Adressat*innen und ihrer Bedarfe denken.

Wenn Sie also in Ihrer Einrichtung oder Arbeit digitale Elemente integrieren oder neue Angebote etablieren wollen, können folgende Fragen dabei helfen, produktive und lösungsorientierte Gespräche zu führen:

- Welche Bedarfe unserer Klient*innen adressieren wir mit dem neuen digitalen Angebot?

- Welche Wirkung wollen wir mit dem Angebot erreichen?
- Wie lassen sich unsere bestehenden Angebote und der neue digitale Ansatz miteinander kombinieren?
- Wie binden wir die Erfahrung unserer Kolleg*innen aus den bisherigen, anlogen Angeboten in die Entwicklung und Konzeption des neuen digitalen Angebots ein?
- Welche Chancen bietet das digitale Angebot für unseren bestehenden Dienste?
- Welche Risiken und negativen Nebenwirkungen können mit der Einführung des digitalen Angebots verbunden sein?
- Welche Ressourcen benötigen wir, um die neuen digitalen Angebote sinnvoll und fachlich fundiert zu etablieren und zu bedienen?

3 Risiken und Nebenwirkungen digitaler Kommunikation für die Soziale Arbeit

Neue Methoden, Wege und Angebote lösen in der Regel gemischte Reaktionen aus. Das ist nicht nur in der Sozialen Arbeit, sondern in allen Professionen zu beobachten und zutiefst menschlich. Veränderung kann als Bedrohung und Zerstörung bestehender Strukturen und Ordnungen oder als Chance für Neues und längst Überfälliges wahrgenommen werden. Je nach Interpretation der Veränderung löst diese entweder Angst, Unsicherheit und Abwehr oder Neugier, Enthusiasmus und Begeisterung aus.

Digitale Kommunikationsangebote sind in der Sozialen Arbeit oft mit einer Emotionalität verbunden. Digitales wird dabei als Gegenpol zur menschenzentrierten Arbeit gesehen. Mancherorts ist der Begriff »digital« auch schon mit neuen Dokumentationssystemen, zusätzlichem Verwaltungsaufwand oder fehlgeschlagenen Versuchen, neue Kommunikationswege und -angebote zu etablieren, assoziiert. Umgangssprachlicher formuliert klingt es so: Es gibt viel verbrannte Erde bei der digitalen Kommunikation in der Sozialen Arbeit, da die in den letzten Jahren begonnenen Versuche und Schritte nicht immer erfolgreich waren.

Unabhängig davon, ob Sie sich der digitalen Kommunikation in der Sozialen Arbeit offen und neugierig oder zurückhaltend und skeptisch nähern: Eine gesunde Portion kritische Reflexion der digitalen Möglichkeiten und das Bewusstsein für mögliche verbrannte Erde und Frustration sollten Sie sich immer beibehalten.

Das ich von den Chancen und dem Potenzial der digitalen Kommunikation überzeugt bin, ist bereits durch den Titel des Buches und die bisherigen Zeilen offensichtlich. Wenn Sie diese lesen, gehe ich davon aus, dass Sie mindestens skeptisch-interessiert sind. Vielleicht teilen Sie meine Begeisterung und Neugier für die digitale Kommunikation aber auch. Ist Letzteres der Fall, lege ich Ihnen dieses Kapitel besonders ans Herz. Nicht weil ich Ihren Enthusiasmus bremsen oder Ihre Neugier dämpfen will, sondern weil viele Fehlschläge und frustrierenden Erfahrungen mit digitaler Kommunikation in der Sozialen Arbeit auf zu enthusiastische, unreflektierte und aktionistische Versuche und Experimente zurückzuführen sind.

Das ist keine Kritik an den Kolleg*innen, die diese Anstrengungen unternahmen und erste Schritte gingen. Ihre Erfahrungen – einige davon finden Sie, teilweise anonymisiert, auf den folgenden Seiten – sind die Grundlage für unser heutiges Wissen und unsere heutigen Möglichkeiten. Manche scheinbar banalen Erkenntnisse mussten erst in der Praxis durch Versuch und Irrtum gesammelt werden, um sie heute strukturiert nutzen zu können. Die in diesem Kapitel dargestellten Risiken und Nebenwirkungen sollen als Lernchancen dienen, um sie nicht in anderen Projekten zu wiederholen.

Exklusion von Rat- und Hilfesuchenden durch zu starken digitalen Fokus

Ein offensichtliches Risiko ist die Exklusion von Rat- und Hilfesuchenden und die Vernachlässigung ganzer Adressat*innengruppen durch einen zu starken digitalen Fokus.

Marie, deren Namen ich auf ihren Wunsch hin geändert habe, arbeitet als Leitungskraft in einer psychosozialen Beratungsstelle in Norddeutschland. Sie berichtet, dass bei der Einführung der anonymen Chat-Beratung Ende 2021 genau dieses Risiko in ihrer Einrichtung zum Tragen kam. Dabei war die Intention des neuen Angebots eine andere: Die anonyme Chat-Beratung wurde zusätzlich eingeführt, um auf den immer wieder von Rat- und Hilfesuchenden genannten Bedarf zu reagieren. Über mehr als neun Monate hinweg sammelten die Berater*innen Anfragen und Wünsche der Menschen, mit denen sie während ihrer Arbeit zu tun hatten. Nach besseren Erreichbarkeitszeiten wurde eine anonyme Chat-Beratung als zweithäufigster Bedarf und Wunsch genannt.

Das Team der psychosozialen Beratungsstelle setzte sich für die Einführung ein. Nach mehreren Gesprächen mit der Leitung der Einrichtung und der Erstellung und Überarbeitung eines fachlichen Konzepts wurde die Einführung der anonymen Chat-Beratung schließlich beschlossen. Der Prozess lief vorbildlich ab: Vom Team ausgewählte Berater*innen wurden geschult. Die Termine für die Erreichbarkeit der Chat-Beratung wurden rechtzeitig und aktiv auf der Website sowie in Gesprächen auf den Kanälen der Beratungsstelle kommuniziert. Das Angebot wurde prominent auf der Website platziert. Die ersten Termine wurden nur von wenigen Menschen genutzt, jedoch stieg die Nachfrage in den ersten drei Monaten so sehr, dass neue Fachkräfte für die anonyme Chat-Beratung geschult werden mussten, um die Kolleg*innen zu unterstützen.

Wahrscheinlich ahnen Sie es schon: Genau damit begannen die Probleme. Die Finanzierung des neuen Angebots reichte zwar für die Technik, die Schulung der Fachkräfte und deren Stellenanteile bei der anonymen Chat-Beratung aus, jedoch gab es keine Mittel, um neue Mitarbeitende einzustellen, die das nun in der Chat-Beratung gebundene Personal in den bisherigen Beratungsangeboten ersetzen könnten. Als Konsequenz der Verlagerung der Arbeitszeit auf die Chat-Beratung wurde die Erreichbarkeit der Beratungsstelle bei den analogen und bereits etablierten Angeboten schlechter.

Hätte sich der Bedarf der Rat- und Hilfesuchenden auch in diese Richtung entwickelt, wäre das kein Problem gewesen. Doch das war nicht der Fall. Marie beschrieb das in einem Gespräch so:

> »Wir waren total begeistert von der neuen Chat-Beratung und wie vielen Menschen wir damit helfen konnten, dass wir gar nicht gemerkt haben, dass wir andere ausschließen. Klar haben einige Kollegen nachgefragt, ob wir denn auch mal wieder ›normale‹ Beratung anbieten und die Wartezeit verkürzen wollen, aber das haben wir erstmal als Neid und die typische Bremserei abgetan.«

Leider waren die kritischen Nachfragen begründet. Denn der am häufigsten an die Beratungsstelle gerichtete Wunsch war eine bessere Erreichbarkeit der bestehenden Angebote. Längere Wartezeiten und weniger analoge Beratungstermine waren das Gegenteil hiervon und nicht hilfreich.

Nach der ersten Ernüchterung wurden schnell Stimmen laut, die eine Abschaffung der Chat-Beratung und eine Fokussierung auf rein analoge und telefonische Beratungsangebote forderten. Anstatt aktionistisch alles zurückzusetzen, nahmen sich die Leitung und das Team Zeit, um die Situation mit all ihren Stärken und Schwächen zu reflektieren. So entstand ein Plan, der die Chat-Beratung reduzierte und damit dem analogen Beratungsbedarf gerecht wurde. Nach und nach wurde klar, wie sich die verschiedenen Beratungs- und Kommunikationsmöglichkeiten ergänzen und unterstützen können und der Weg zum Blended-Counseling-Konzept nahm Formen an.

Heute, mehr als ein Jahr nach der Einführung der anonymen Chat-Beratung, ergänzen sich die analogen und digitalen Angebote. Die Beratungsstelle ist dabei, sie mit einem Blended-Counseling-Konzept noch besser miteinander zu verbinden. Der Weg zu diesem Zustand war steinig.

Die Erkenntnis aus diesem Beispiel ist: Digitale Kommunikationsangebote sind in der Sozialen Arbeit wichtig. Sie dürfen jedoch nicht zur Exklusion oder Vernachlässigung weniger digitalaffiner Menschen führen. Besteht kein akuter Handlungsdruck und ist für die nahe Zukunft nicht absehbar, ob der Bedarf an digitalen Angeboten den der analogen übersteigen wird, so sollten digitale Angebote nur schrittweise und mit Bedacht als Ergänzung positioniert und aufgebaut werden. Angesichts begrenzter finanzieller, zeitlicher und personeller Ressourcen kann das eine Herausforderung sein. Hier sind sowohl Verbände als auch Einrichtungen und Kostenträger gefordert, Voraussetzungen und Ressourcen-Ausstattungen zu verbessern.

Das Risiko der Exklusion und Vernachlässigung von Adressat*innen sieht auch Ursel Wolfgramm, die ich für dieses Buch interviewte. Zum Zeitpunkt des Interviews war sie die Geschäftsführerin des Paritätischen Wohlfahrtverbandes Landesverband Baden-Württemberg e. V., im Folgenden Paritätischer Baden-Württemberg genannt.

Auf die Frage nach Risiken der digitalen Kommunikation für die Soziale Arbeit antwortet Ursel Wolfgramm so (die im Zitat genannten letzten Wochen beziehen sich auf die Zeit der Kontaktbeschränkungen während der Coronapandemie):

»Also wir haben natürlich das, was wir als Teilhabe bezeichnen. Was eine Chance ist, dass wir auch Menschen beteiligen können, die sonst vielleicht nicht hierherfahren könnten, an einen Ort, wo man gemeinsam redet. Die könnte man alle einbinden. Aber diese Chance, die die digitale Kommunikation birgt, ist auch der Nachteil. Dass man nämlich genau die, die man digital nicht erreicht, eben auch nicht erreicht. Da könnte man analog hinfahren oder könnte ihn abholen oder könnte ein Bus hinschicken oder wie auch immer. Das erreicht man mit der digitalen Kommunikation nicht.

Es gibt Untersuchungen, dass gerade die sozial Benachteiligten eher abgehängt waren. Es gibt die – man sieht es an den Schulen, dadurch dass die Schulen jetzt lange geschlossen waren –, die weniger Unterricht bekommen haben. Die keine digitale Infrastruktur, relativ wenig Kompetenz hatten, die sich vielleicht auch aus der Anwendung zurückgezogen hatten und bei denen dann die persönliche Ansprache fehlte: Die sind allein schon durch die letzten Wochen abgehängt. Und das könnte man auf alle Felder übertragen.«

Veränderung der Teamdynamik und Hierarchie durch digitale Kommunikationsangebote

Bei Themen und Maßnahmen der digitalen Kommunikation liegt der Fokus oft auf der nach außen gerichteten, externen Kommunikation und ihrer Wirkung. Diese ist für Einrichtungen der Sozialen Arbeit natürlich wichtig, doch auch bei der Nutzung digitaler Kommunikationsmöglichkeiten in Einrichtungen sollte mit Bedacht agiert werden. Denn eine Nebenwirkung digitaler Werkzeuge bei der internen Kommunikation in Einrichtungen und Trägern kann eine Veränderung der Hierarchie und damit verbunden auch der Teamdynamik sein. Die formal-hierarchische Struktur wird durch die Einführung digitaler Kommunikationsmöglichkeiten wie Microsoft Teams, dem Messengerdienst Signal oder Open-Source-Lösungen wie Mattermost zwar nicht aufgelöst, jedoch können sich die gelebte (informelle) Hierarchie als auch Bedeutungen und Aufgaben bestimmter Rollen spürbar verändern.

In vielen Arbeitsbereichen, wie beispielsweise der stationären Pflege oder in Kitas, gehören die Filterung und Weiterleitung von Informationen an das Team zu den Aufgaben der Leitungskräfte. Je nach E-Mail- und Informationsaufkommen kann diese recht simple Tätigkeit viel Zeit in Anspruch nehmen. Die Führungskräfte sind damit nicht unbedingt glücklich, nehmen diese Aufgabe in der Regel aber gewissenhaft wahr. Die Weiterleitung von E-Mails, das Ausdrucken von Aushängen und die Bekanntgabe von Informationen im Team ist, genauer betrachtet, mehr als eine lästige Pflichtübung. Diese Aufgabe kann ein essenzieller Bestandteil der hierarchischen (Macht-)Position der Führungskraft sein. Denn so lästig und zeitraubend der Vorgang auch ist: Wer darüber entscheidet, welche Informationen wann an wen verteilt werden, hat damit eine wichtige und machtvolle Position inne.

Die Einführung eines digitalen Kommunikationswerkzeuges wie beispielsweise Mattermost oder eine Open-Source-Kommunikationslösung, die Microsoft Teams ähnelt, jedoch datenschutzfreundlicher betrieben werden kann, kann diese Aufgabe weitgehend überflüssig machen. Wird ein solches Werkzeug nicht nur als reiner E-Mail-Ersatz eingeführt, sondern auch in weiteren, später beschriebenen, digitalen Kanälen zusammen gearbeitet, verändert sich die Kommunikation.

Beim etablierten, hierarchisch organisierten System handelt es sich um eine sogenannte Push-Kommunikation. Das bedeutet, dass Informationen an die Team-Mitglieder verteilt und ihnen zugestellt werden. Der Vorteil: Jedes einzelne Team-Mitglied muss sich keine Gedanken darum machen, wo er oder sie die relevanten Informationen herbekommt. Der Nachteil: Alle Informationen laufen über eine Person oder Stelle, zumeist die Leitungskraft, die so zum Flaschenhals werden kann. Da die Aufgaben von Leitungskräften immer umfangreicher werden, kann die Einführung digitaler Kommunikationskanäle auch genutzt werden, um eine Entlastung zu schaffen. Diese entsteht, zumindest in der Theorie, durch die Umstellung auf eine sogenannte Pull-Kommunikation. Diese funktioniert so: In Mattermost oder Teams wird ein Kanal angelegt, zu dem alle Teammitglieder Zugang haben. Natürlich sind auch mehrere thematisch und funktional differenzierte Kanäle mit ausgewählten Teammitgliedern möglich. Statt wie bisher Rundschreiben, E-Mails usw. an die Leitungskraft zu schicken, die diese dann gezielt weiterleitet, werden solche Informationen künftig in dem für alle zugänglichen Kanal veröffentlicht. Die Teammitglieder sind dann selbst dafür verantwortlich, die dort veröffentlichten Informationen im Blick zu haben, sich die individuell relevanten Themen herauszusuchen und sich über diese zu informieren.

Der Vorteil: Die Leitungskraft wird zeitlich deutlich entlastet, da sie die Informationen nicht mehr sichten und weiterleiten muss. Der Nachteil: Jedes Teammitglied ist individuell dafür verantwortlich, sich die relevanten Informationen zu besorgen. Die Umstellung auf eine Pull-Kommunikation kann mehrere Seiteneffekte haben:

- Positiv kann sein, dass sich alle Teammitglieder gleichermaßen informieren und gleichberechtigt auf die meisten Informationen zugreifen können. Dadurch kann der Zugang zu Informationen deutlich erleichtert werden.
- Auch die Möglichkeit, sich im eigenen Rhythmus und nur zu den individuell relevanten Themen zu informieren, kann bei Mitarbeitenden positiv ankommen und zur Steigerung der empfundenen Selbstwirksamkeit und selbstständigen Arbeitsgestaltung beitragen.
- Negativ kann im Gegenzug jedoch sein, dass die Verantwortung für den Informationsfluss von der Leitungskraft auf die Mitarbeitenden übergeht. Diese erhalten zusätzliche Verantwortung und damit verbunden Arbeit, sich selbst zu informieren. Das kann, vor allem ohne ausreichende Schulung und Einführung, zur Belastung werden.
- Ebenfalls negativ und mit der bereits angesprochenen Hierarchie verbunden, kann der Wegfall der Informationsweiterleitung und -filterung für die Leitungskraft sein.

Der letztgenannte Punkt könnte irritieren. Sollte die Entlastung der Leitungskraft von der Informationsweiterleitung und damit die Verlagerung einer potenziell zeitraubenden Aufgabe auf die Mitarbeitenden nicht positiv sein? Auf den ersten Blick durchaus. Doch bei genauerer Betrachtung und in Gesprächen mit Leitungskräften, die ihr Berufsleben bisher in klassisch hierarchischen Systemen verbracht haben, zeigt sich, dass diese Entlastung auch als Kontroll- und vor allem Bedeutungsverlust empfunden werden kann. Sonja K. (wir haben den Namen auf Wunsch der Impulsgeberin anonymisiert), Leiterin einer Kita mir 14 Erzieherinnen, sagte dazu nach einem Workshop sinngemäß:

> »Bisher habe ich pro Woche mindestens vier Stunden damit verbracht, Infos weiterzugeben. Seit wir das intern digital machen sind davon vielleicht noch dreißig Minuten für wichtige Schreiben an einige wenige Kolleginnen übrig. Inzwischen finde ich das super, doch in den ersten Monaten habe ich mich gefragt: Brauchen die mich dann überhaupt noch? Bekomme ich vom Träger deshalb mehr Arbeit? Oder werde ich bald ganz überflüssig?«

Die von Sonja angesprochenen Fragen stellen sich viele Leitungskräfte, die ähnliche Veränderungen erleben. Wenn die Filterung und Verteilung von Informationen lange Zeit ein substanzieller Teil der Leitungsrolle waren, ist der Wegfall dieser Aufgaben zwar eine zeitliche Entlastung, kann aber auch als Bedeutungsverlust verstanden werden und Ängste und Unsicherheiten hinsichtlich der eigenen Rolle und des eigenen Arbeitsplatzes auslösen. Diese Nebenwirkungen lassen sich durch einen gut moderierten Einführungsprozess, in dem diese Veränderung direkt adressiert werden, auffangen. Dies erfordert jedoch Arbeit und ist kein Selbstläufer. Wichtig ist auch, dass der Träger oder die Vorgesetzten der Leitungskräfte von Anfang an deutlich machen, dass es sich nicht um verdeckte Sparmaßnahmen handelt, sondern dass die freiwerdende Zeit für Führungs- und Leitungsaufgaben verwendet werden kann und soll. Gelingt es, diese Haltung zu vermitteln, wird die zeitliche Entlastung auch wirklich als Arbeitserleichterung verstanden und empfunden.

Doch selbst wenn die Umstellung von der Push- zur Pull-Kommunikation gelingt und zu einer spürbaren Entlastung führt, sollten sich Führungskräfte und Teammitglieder aktiv mit den Auswirkungen auf die Teamdynamik auseinandersetzen. Denn die veränderte

Hierarchie und gewachsene Verantwortung der einzelnen Teammitglieder kann zu einigen Veränderungen führen, wie beispielsweise:

- Es kann bei den Teammitgliedern der Wunsch aufkommen, in Entscheidungsprozesse stärker eingebunden zu werden. Ob das möglich ist, hängt von den formalen Strukturen und etablierten Prozessen ab. Doch auch wenn eine wirksame Einbindung nicht oder nur nach längeren Veränderungen umsetzbar ist, sollte der Wunsch adressiert und die nötigen Veränderungen, oder Hürden, transparent kommuniziert werden.
- Einige Teammitglieder kommen mit der veränderten Kommunikation und der zusätzlichen Verantwortung besser zurecht als andere. Das ist bei jeder Veränderung zu erwarten und im Grunde normal. Diese unterschiedlichen Geschwindigkeiten und Affinitäten sollten im Team aktiv reflektiert und besprochen werden. So ist es möglich, die schneller adaptierenden Teammitglieder zu Mentor*innen für die Kolleg*innen zu machen, die sich mit der neuen Kommunikation schwertun. Werden die Unterschiede nicht adressiert, kann eine Spaltung von »schnellen« und »langsamen« Kolleg*innen drohen.
- Da die Umstellung von Push- auf Pull-Kommunikation mehr Arbeit für die einzelne Teammitglieder bedeutet, kann es zur Bildung von informelleren Informationshubs kommen. So bezeichne ich Teammitglieder, die mit der neuen Kommunikationsart gut zurechtkommen und andere Kolleg*innen, denen die Nutzung der neuen Werkzeuge schwerfällt, mit den nötigen Informationen versorgen. So gut diese kollegiale Unterstützung in den meisten Fällen auch gemeint ist: Sie sollte vermieden werden. Wenn einige Kolleg*innen Informationshubs für den Rest des Teams werden, hat sich die Push-Kommunikation nur von der Führungskraft ins Team verlagert und es entstehen neue, nun jedoch informelle Informations- und Machtzentren. Diese Entwicklung sollte frühzeitig adressiert und alle Kolleg*innen zur Beschäftigung mit der neuen Kommunikationsform eingeladen und dabei unterstützt werden. Denn ohne Übung mit den neuen Werkzeugen können die Kolleg*innen den Umgang, und damit die nötigen Kompetenzen für das Management der eingehenden Informationen, nicht erlernen.

Informationsflut und mögliche Überforderung

> »Ständig kommen da neue Nachrichten rein, ich kann diese Ping-Ton nicht hören! Wie soll ich denn da arbeiten?«

Robert H., auch seinen Namen haben wir auf Wunsch anonymisiert, ist hörbar genervt. Robert ist Teilnehmer einer Barcamp-Session rund um das Thema digitale Arbeit in Sozialen Einrichtungen, die auch ich besuchte. Ein Barcamp ist ein offenes Veranstaltungsformat, bei dem es vor allem um kollegialen Austausch und gegenseitiges Lernen geht. Details dazu finden Sie auf barcamp-liste.de.

Roberts Frustration gilt dem Messengerdienst Threema, der in seiner Einrichtung als Threema-Work-Variante, einer speziellen Version für Unternehmen und Organisationen, im Einsatz ist. Über Threema, so berichtet Robert, kommunizieren sie vor allem im Team miteinander. Die schnelle und einfache Kommunikation weiß Robert dabei durchaus zu schätzen, doch die ständigen Benachrichtigungen nerven ihn. Deshalb schaltet er sein Telefon ab, wenn er Beratungsgespräche führt. Er arbeitet im Bereich der Schuldner*innenberatung.

Andere recht digitalaffine Teilnehmende der Barcamp-Session werfen schnell ein, dass Robert doch einfach Benachrichtigungen oder Benachrichtigungstöne ausschalten könne. Andere weisen ihn darauf hin, dass er auf seinem Telefon auch verschiedene Modi einstellen und so steuern könne, wann er welche Benachrichtigungen bekommt. So hilfreich die Antworten auch sind, so klingen auch ein wenig Schuldzuweisung und der unausgesprochene Vorwurf mit, dass Robert sich einfach nicht genug mit seinem Telefon und Threema beschäftigt habe. Andere Teilnehmende springen Robert daraufhin zur Seite. Sie haben ähnliche Probleme und finden es nicht fair, als ahnungslos oder faul dargestellt zu werden.

Die hier beschriebene Dynamik ist auch in Teams und Einrichtungen anzutreffen. Digitalaffine Kolleg*innen nutzen die Filter- und Personalisierungsfunktionen digitaler Werkzeuge, um die Informationsflut zu kanalisieren und für sich handhabbar zu machen. Gleichzeitig fühlen sich weniger digitalaffine oder schlicht weniger interessierte Kolleg*innen von der Flut an Informationen und

Möglichkeiten erschlagen, teilweise überfordert und oft massiv genervt. Bevor ein falsches Bild entsteht: Das ist keine Frage des Alters. Wir haben während unserer Arbeit Fachkräfte sämtlicher Altersstufen sowohl in der digitalaffinen als auch in der weniger digitalaffinen Gruppe angetroffen. Ebenso wichtig ist es, zu erwähnen, dass es legitim und nachvollziehbar ist, wenn sich nicht jede Fachkraft im Feld der Sozialen Arbeit voller Begeisterung auf digitale Werkzeuge stürzt.

Um die mit der Umstellung auf die Pull-Kommunikation verbundene Informations- und Benachrichtigungsflut professionell zu kanalisieren, ist es unumgänglich, die Funktionen und Möglichkeiten der Kommunikationswerkzeuge gezielt zu nutzen. Das bedeutet in der Praxis: Fachkräfte benötigen das Angebot von Schulungen und Trainings, die an ihrer Praxis ausgerichtet und im Idealfall individuell gestaltet werden.

Einrichtungen und Leitungskräfte müssen sich im Klaren darüber sein, dass eine digitaler werdende Kommunikation und Arbeitsweise meist auch mit einer Steigerung der Informationsmenge verbunden sein kann. Um sich dennoch weiterhin auf die Arbeit mit den Rat- und Hilfesuchenden als auch mit Klient*innen konzentrieren zu können, müssen Fachkräfte befähigt werden, diese Informationsflut selbst zu steuern und sinnvoll zu filtern. Mit den folgenden sieben Fragen identifizieren wir in unserer Arbeit die konkreten Bedarfe für Trainings und Schulungen:

1. Bekommen Sie zu viele oder zu wenige Benachrichtigungen oder ist die Zahl genau richtig?
2. Bekommen Sie alle für Sie relevanten Informationen rechtzeitig mit?
3. Werden Sie (häufig) von Benachrichtigungen oder eingehenden Nachrichten von Ihrer Arbeit abgelenkt oder unterbrochen?
4. Nehmen Sie die digitalen Werkzeuge als Arbeitserleichterung oder als Stressfaktor wahr?
5. Wann haben Sie das letzte Mal die Einstellungen für Ihre Benachrichtigungen bewusst angepasst?
6. Gibt es Verhaltensweisen oder Funktionen der digitalen Werkzeuge, die Sie gern ändern würden?
7. Was hat sich positiv verändert, seit Sie digitaler arbeiten?

Die Liste endet bewusst mit einer Frage nach den positiven Veränderungen. Denn auch wenn es darum geht, Unterstützungs- und Schulungsbedarf zu identifizieren, ist es wichtig, die positiven Aspekte bewusst in den Fokus zu rücken und an den negativen oder ausbaufähigen gezielt zu arbeiten.

Und die Diskussion in der Barcamp Session? Die ging noch einige Zeit weiter, wurde aber durch die Moderation der Session-Geberin in konstruktive Bahnen gelenkt. Schlussendlich waren sich die Anwesenden einig, dass alle Fachkräfte sich mit den Möglichkeiten der digitalen Werkzeuge befassen müssen, dafür jedoch auch die nötige Unterstützung brauchen. Wichtig dabei ist: Diese Unterstützung darf nicht nur einmalig verfügbar sein, sondern muss langfristig und auf die Praxis der jeweiligen Einrichtung oder des Teams zugeschnitten sein. Mehr zur internen Kommunikation finden Sie im sechsten Kapitel.

Verlust der persönlichen Ebene und Entpersonalisierung der Arbeitsbeziehung

Lassen sich Beziehungen zu Klient*innen, aber auch zu Kolleg*innen, digital aufbauen und pflegen? Vor der Coronapandemie und den damit verbundenen Kontaktbeschränkungen hätten das vermutlich viele Sozialarbeitende verneint. Die Erfahrung während der Coronapandemie haben jedoch gezeigt, dass es möglich ist – zumindest in gewissen Grenzen. Denn an diesen Grenzen beginnt der mögliche Nebeneffekt, das Risiko der rein digitalen Sozialen Arbeit: Der potenzielle Verlust oder die eventuelle Schwächung der Beziehung zu Kolleg*innen, Klient*innen sowie Rat- und Hilfesuchenden.

Diese Sorge teilt auch Marius Künzel im Interview für dieses Buch. Marius ist Ende zwanzig, studierter Sozialarbeiter und leitet zum Zeitpunkt des Interviews, das Anfang 2021, also mitten in der Coronapandemie, stattfand, die Bildungsabteilung eines Jugendhilfeträgers in Mönchengladbach. Auf die Frage nach den Nebenwirkungen des digitalen Arbeitens in der Sozialen Arbeit antwortete er unter anderem:

> »Ich finde schon, dass der Bezug zur Person an sich verloren gehen kann, wenn alles nur digital läuft. Ich habe jetzt innerhalb der Coronazeit zweieinhalb Monate dreimal die Woche Workshop-

seminare online gegeben. Irgendwann muss man sagen, dass einfach ein Risiko besteht, diesen Face-to-Face-Kontakt, auch zwischenmenschliche Beziehungen, das Bonding zwischen einander nicht mehr zu haben. Das hilft alles in einem Bildungsprozess. Und besonders bei dieser direkten digitalen Kommunikation bei den Onlineseminaren ist es so, dass es ein Bild ist, das mit dir redet. Was auch eine Gestik/Mimik hat und auch artikuliert, aber es ist trotzdem nur ein Bild. Es ist nicht analog anfassbar. Man kann keinen Witz machen oder Ironie kommt nicht so rüber. Das sehe ich auf jeden Fall als Risiko.«

Was Marius bei Videokonferenzen beschreibt, bestätigen auch zahlreiche Fachkräfte in Gesprächen und Workshops. Noch deutlicher ist die Herausforderung beim Aufbau einer Beziehungsebene bei anonymen Chat- oder E-Mail-Beratungsangeboten zu spüren. Durch die Anonymität werden diese Angebote zwar zugänglicher und erreichen Menschen, die sich bei nicht-anonymen Angeboten möglicherweise gar nicht gemeldet hätten. Gleichzeitig ist es für Fachkräfte jedoch schwer, eine Arbeitsbeziehung aufzubauen, wenn ihnen essenzielle Informationen über ihr Gegenüber fehlen.

Spannend, im sozialpädagogischen Sinne als herausfordernd und fachlich anspruchsvoll gemeint, wird die Beziehungsarbeit jedoch vor allem in Angeboten wie beispielsweise dem Blended Counseling. Bei diesem werden Präsenztermine mit Chat-, Video- und Telefonkommunikation – abhängig von der Situation, dem Bedarf und den Möglichkeiten der Klient*innen – kombiniert. Der Wechsel der verschiedenen Kommunikationsmedien stellt vor allem Fachkräfte vor enorme Herausforderungen und erfordert einen kontinuierlichen Wechsel zwischen Kommunikationsformen, die jeweils ganz eigene Auswirkungen auf die Beziehungseben haben können. Folgt auf einen Präsenztermin beispielsweise eine längere Phase der Chat-Beratung, wechselt die Kommunikation von einem synchronen Modus in einen asynchronen Modus. Das erfordert nicht nur größere Flexibilität und Koordination von den Fachkräften, da Antworten auf Nachrichten länger dauern können, sondern es macht auch mehr kommunikativen Einsatz nötig, um Stimmung und emotionalen Zustand des Gegenübers zu erfragen.

Werden Informations- und Beratungsangebote ausschließlich via Chat oder Messenger angeboten, kann es sogar zu einer völligen Entpersonalisierung kommen, da es überhaupt keinen als persönlich wahrgenommenen Kontakt mehr gibt. Das muss nicht unbedingt problematisch sein, wenn es beispielsweise um die Bereitstellung von präventiven oder organisatorischen Informationen geht. Dort kann dieser Ansatz legitim und sinnvoll sein. Doch das damit verbundene potenzielle Risiko sollte bei allen fachlichen Konzepten und Angeboten im Blick behalten werden.

Wollen Sie sich in Ihrer Einrichtung, Ihrer Arbeit oder Ihrem Team mit diesen möglichen Nebenwirkungen befassen, können die folgenden Fragen als Diskussionsgrundlage im Team dienen:

- Wie und wann beginnt aktuell der Beziehungsaufbau in Ihrer Arbeit und den etablierten Angeboten?
- Welche Kommunikationskanäle oder Settings sind für diesen Beziehungsaufbau oder dessen Anbahnung entscheidend?
- Welche Vorteile und welchen erwarteten Nutzen bieten neue digitale Angebote für Ihre Klient*innen?
- Welche Zugangshürden können durch digitale, möglicherweise auch anonyme Kontaktangebote reduziert werden?
- Wie kann der Übergang von einem anonymen zu einem personalisierten Angebot gelingen, wenn Klient*innen dies wünschen?
- Wie kann ein rein digital begonnener Begleitprozess auch in Präsenz überführt oder um Präsenztermine ergänzt werden?

Beim letztgenannten Aspekt, der Ergänzung digital begonnener Arbeitsbeziehungen um Präsenztermine, sollten sich Fachkräfte darüber im Klaren sein, dass sie den Beziehungsaufbau zumindest teilweise neu beginnen müssen. Menschen wirken in Chat-Konversationen, in Telefonaten und sogar in Videokonferenzen oft anders als in persona. Daher sollten sich Fachkräfte beim ersten Präsenztermin die Zeit für ein erneutes Kennenlernen und die Adaption an das Präsenzsetting nehmen. Auch dann, wenn es bereits eine längere digitale oder telefonische Arbeitsbeziehung gibt. So können Konflikte oder Missverständnisse verhindert und die Beziehung durch den Wechsel des Settings gestärkt werden.

4 Chancen und Potenzial digitaler Kommunikation für die Soziale Arbeit

Wo Gefahren und Risiken sind, gibt es auch Chancen und Potenzial für positive Wirkung und digitale Kommunikation ist da, auch für die Soziale Arbeit, keine Ausnahme. Doch rechtfertigen diese Chancen den Aufwand der Einführung und Erschließung digitaler Kanäle? Und von welchem Potenzial ist genau die Rede? Genau das beleuchtet dieses Kapitel.

Beginnen wir mit der naheliegenden und am häufigsten genannten Chance: Menschen da zu erreichen, wo sie bereits aktiv sind und kommunizieren. Hier verwende ich bewusst nicht die fast schon allgegenwärtige Formulierung »die Menschen da abholen, wo sie sind«. Denn damit habe ich, vor allem bei der digitalen Kommunikation, zwei grundlegende Probleme:

1. »Abholen« klingt so, als würden Menschen nur darauf warten, dass die Soziale Arbeit und ihre Fachkräfte endlich zu ihnen kommen, ihnen die entscheidenden Informationen präsentieren und ihr Leben besser machen. Das mag sarkastisch klingen, doch diese Vorstellung ist aus meiner Sicht sehr romantisiert und degradiert die Adressat*innen gleichzeitig zu passiven und inaktiven Individuen. Sicherlich haben manche Menschen akuten Unterstützungsbedarf, doch nur wenige warten passiv ab.
2. »Abholen« impliziert oft auch, dass Fachkräfte der Sozialen Arbeit genau wissen, was gut für die Adressat*innen ist und diese auf den richtigen Weg bringen. Mir ist bewusst, dass diese Vorstellung und dieses Verständnis von Klient*innen teilweise tatsächlich in den Köpfen von Fachkräften existiert. Diese Einstellung passt für mich allerdings ganz und gar nicht zu einer wertschätzenden und die Autonomie und Selbstbestimmung der Menschen respektierenden Haltung.

Für die digitale Kommunikation in der Sozialen Arbeit bedeutet das, dass wir zwar Angebote machen können und sollten, diese jedoch immer an den Bedarfen der Adressat*innen ausgerichtet sein müssen. Außerdem sollte das Bewusstsein vorhanden sein, dass niemand diese Angebote im digitalen Raum finden wird, wenn Träger, Einrichtungen und Fachkräfte sie nicht aktiv kommunizieren. Es gibt zu viele andere Angebote im Internet und das informationelle Grundrauschen ist deutlich zu laut, um ohne gezielte Kommunikation sichtbar zu werden.

Wenn Soziale Arbeit digitale Angebote entwickelt und gezielt digital kommuniziert, können damit Menschen erreicht werden, die mit analogen Angeboten oder nicht-digitalen Kommunikationskanälen nicht angesprochen werden. Dabei spielen vor allem die verschiedenen Social-Media-Netzwerke und Messengerdienste eine Rolle, wie der Digital 2023 Report (Kemp/Kepios, 2023) zeigt. In ihm wird eine spannende Tendenz deutlich: Die deutschen Internetnutzenden verbringen im Vergleich zum Vorjahr zehn Minuten weniger pro Tag im Internet. Gleichzeitig nahm die tägliche Social-Media-Nutzung um durchschnittlich zwölf Minuten zu. Das Gleiche gilt für die Podcast-Nutzung. Der Medienkonsum, gedruckt und digital, stieg um 18 Minuten pro Tag. Diese Zahlen lassen den Schluss zu, dass Menschen zwar ihre Onlinezeit reduzieren, jedoch mehr Informationen konsumieren und das auch intensiv über Social Media tun.

Für die Soziale Arbeit ergibt sich damit die Chance, mit eigenen digitalen Kommunikationsangeboten in diesen Netzwerken präsent zu sein und damit mehr Rat- und Hilfesuchende zu erreichen und den Zugang zu ermöglichen.

Niedrigschwelliger Zugang und barrierearme Angebote

Ein bisher nur wenig genutztes Potenzial der digitalen Kommunikation hat mit dem Kern der Sozialen Arbeit zu tun: Möglichst vielen Menschen die Chance zu geben, die Angebote zu nutzen.

Digitale Kommunikationsangebote, seien es eine Facebookseite, ein Instagram-Kanal, die Präsenz auf Mastodon oder der anonyme Chat, können niedrigschwellige Kontakt- und Einstiegsmöglichkeiten sein. Durch Ansätze wie dem Blended Counseling oder der

Möglichkeit, dass Klient*innen in verschiedenen Bereichen digital ihre eigenen Akten einsehen und ergänzen können, können sie auch die aktive Einbindung von Klient*innen in diese Angebote leichter zugänglich gestalten. Die dadurch erreichte Arbeitserleichterung kann ein Faktor sein, der es Menschen erleichtert, den begonnenen Prozess auch in schwierigen Zeiten fortzusetzen und die bestehende Arbeitsbeziehung aufrechtzuerhalten.

Diese Niedrigschwelligkeit und vor allem die Zugangserleichterung zu Angeboten der Sozialen Arbeit kann digitale Kommunikation jedoch nur dann ermöglichen, wenn die Kommunikation und Angebote so barrierearm wie möglich gestaltet sind. (Angesichts der in vielen Fällen noch fehlenden Basisarbeit verwende ich hier bewusst den Begriff »barrierearm«. Wobei auch der Weg dorthin noch recht lang ist.) Das Ziel muss digitale Barrierefreiheit sein, die natürlich auch analog angestrebt werden sollte.

Das Potenzial barrierearmer oder idealerweise barrierefreier Kommunikation der Sozialen Arbeit ist gigantisch. Es gibt circa acht Millionen Menschen mit einer Behinderung in Deutschland. Hinzu kommt eine Vielzahl von weiteren Personengruppen, die auf Barrierefreiheit angewiesen sind, um digitale Angebote wahrnehmen zu können. Angesichts des steigenden Durchschnittsalters der deutschen Bevölkerung und der im Alter zwangsläufig nachlassenden Sinneswahrnehmung wird ersichtlich, dass jegliche nicht-barrierefreie digitale Kommunikation eine wachsende Zahl an Menschen ausschließt.

Was für Wirtschaftsunternehmen durch das im Juli 2021 in Kraft getretene Barrierefreiheitsstärkungsgesetz (Bundesfachstelle Barrierefreiheit, 2021) und mit dem zweiten Medienänderungsstaatsvertrag (Bundesfachstelle für Barrierefreiheit, 2022) für Medienangebote verpflichtend ist, muss für Träger und Einrichtungen der Sozialen Arbeit bei Angeboten und der Kommunikation eine intrinsisch motivierte Kernaufgabe sein. Denn wie kann Soziale Arbeit ihren Auftrag ernst nehmen und sich als sozialpolitische und gesellschaftliche Lobby glaubwürdig positionieren, wenn sie selbst in ihrer Kommunikation inklusionsfeindlich agiert? Wie können Fachkräfte der Sozialen Arbeit rat- und hilfesuchende Menschen unterstützen, befähigen und anwaltschaftlich vertreten? Wie kann dies gelingen, wenn eine wachsende Zahl dieser Menschen die Angebote entweder nicht kennt, findet oder nicht nutzen kann, weil sie durch Barrieren in den Kommunikations- und Informationsangeboten davon ausgeschlossen sind?

In diesen Fragen zeigt sich das Potenzial digitaler Kommunikation: Gelingt es der Sozialen Arbeit, ihre Kommunikation und digitalen Angebote barrierefrei zu gestalten, können nicht nur mehr Menschen erreicht, unterstützt und befähigt werden. Auch die Organisationen und Verbände können ihrem anwaltschaftlichen und soziallobbyistischen Auftrag glaubwürdig und mit einer Vorbildfunktion nachgehen, die Bedeutung der digitalen Barrierefreiheit weiter stärken und so ein Zeichen setzen.

Damit diese Glaubwürdigkeit erreicht und Angebote wirklich barrierefrei gestaltet werden können, bedarf es jedoch einer Haltungsänderung. Aktuell nehme ich in meiner Arbeit zu oft wahr, dass Menschen mit einer Behinderung spät oder gar nicht in entsprechende Projekte eingebunden werden. Werden sie dann beteiligt, handelt es sich teilweise nicht um echte Partizipation, sondern um eine Alibi-Beteiligung, damit im Nachgang darauf verwiesen werden kann, dass die Ergebnisse auch von Menschen mit einer Behinderung entwickelt wurden. Diese Haltung ist natürlich nicht universell anzutreffen.

Das Projekt »DigiTeilhabe« der AWO (Müller, 2023) beispielsweise hat die Expert*innen in eigener Sache von Anfang an beteiligt, das ist jedoch leider noch die Ausnahme und wird zu häufig vergessen oder ignoriert. Wenn Soziale Arbeit ihrer soziallobbyistischen und anwaltschaftlichen Aufgabe wirksam und glaubwürdig nachkommen will, müssen Verbände und Organisationen Menschen mit Behinderung – und zwar aus den verschiedensten Spektren – einbinden und als Expert*innen in eigener Sache zu Wort kommen lassen. Wichtig ist dabei, dass es sich nicht um ehrenamtliche Aufgaben handeln darf. Diese bedeutende und wertvolle Expertise muss entweder durch bezahlte Arbeitsstellen oder bei Selbstständigen durch angemessene Honorare vergütet werden.

Effizienteres und flexibleres Arbeiten

Effizientes und flexibles Arbeiten wird in manchen Einrichtungen der Sozialwirtschaft mit Sparmaßnahmen, Kostenreduktion und Personalabbau gleichgesetzt. Viele Fachkräfte, mit denen ich in den letzten Jahren sprechen durfte, assoziieren neue Arbeitsweisen aufgrund negativer Erfahrung mit mehr Arbeit und Stress. Diese Assoziationen sind nachvollziehbar, doch das ist in den folgenden Zeilen explizit nicht mit effizientem und flexiblem Arbeiten gemeint.

Eine gut gemachte digitale Kommunikation in Einrichtungen und Verbänden kann zu einer wirklich effizienteren und flexibleren Arbeitsweise führen. Dabei geht es allerdings in erster Linie nicht um Kosteneinsparungen, sondern um Zeitgewinne und Freiräume für die Menschen und die Organisationen. Effizientes und flexibles Arbeiten bedeutet in diesem Kontext:

- Entlastung bei organisatorischen Aufgaben,
- Reduktion respektive Automatisierung der nötigen jedoch nicht anspruchsvollen Aufgaben (beispielsweise Datentransfer oder ähnliches),
- mehr Zeit für die Arbeit mit Klient*innen,
- mehr Zeit für fachlich und inhaltlich anspruchsvolle Aufgaben wie beispielsweise die Entwicklung von Fachkonzepten oder neuen Angeboten,
- eine Erleichterung der Zusammenarbeit mit anderen Fachbereichen, Einrichtungen oder Kolleg*innen in Fachgruppen,
- Unterstützung bei der Dokumentation und der Auswertung der bisher gesammelten Erkenntnisse und Erfahrungen, um sie für künftige Projekte oder Fachpublikationen zu nutzen,
- eine bessere Vereinbarkeit von Privat- und Berufsleben durch eine räumlich und zeitlich flexiblere Gestaltung der Arbeitszeiten (im Rahmen der Möglichkeiten der jeweiligen Einrichtungen und der Fachbereiche),
- schnellere und einfachere Kommunikation im Team und über Team-Grenzen hinweg
- sowie Unterstützung bei der Filterung von Informationen nach Relevanz und Wichtigkeit.

All diese Chancen können durch gezielt eingesetzte digitale Kommunikation und Arbeitsweisen genutzt werden. Das Potenzial, Freiräume und Zeit für die klient*innenzentrierte Arbeit zu schaffen, ist groß, doch nicht in allen Arbeitsbereichen gleichermaßen verteilt. So sind die Möglichkeiten der Zeitersparnis und Arbeitserleichterung bei der Verwaltungs- und Dokumentationsaufgaben beispielsweise enorm. In der direkten Arbeit mit den Klient*innen, Rat- und Hilfesuchenden können neuere technische Entwicklungen durchaus eine Entlastung ermöglichen. Hier sollten Fachkräfte und Einrichtungen jedoch die Frage stellen, ob diese Bereiche möglicherweise bewusst der rein menschlichen Arbeit vorbehalten bleiben sollten. Für die heute bereits gut nutzbaren Potenziale sind auf jeden Fall die passenden Systeme und Schulungen nötig.

Digitale Kommunikation und gesellschaftliche Aufmerksamkeit

Alle bisher genannten Chancen und Potenziale der digitalen Kommunikation für die Soziale Arbeit spielen zusammen, wenn es um den Einsatz digitaler Kommunikation für die sozialpolitische Lobbyarbeit und die anwaltschaftliche Vertretung der Interessen und Bedarfe der Klient*innen geht.

Mit hybriden, also analog und digital durchgeführten Kommunikationskampagnen, können Verbände, Einrichtungen und Vereine im Feld der Sozialen Arbeit öffentliche Aufmerksamkeit für die relevanten Themen schaffen. Effiziente digitale Kommunikations- und Arbeitsweisen erlauben schnelle Reaktionen auf aktuelle Entwicklungen. Dazu gehören die zeitnahe Bereitstellung von Informationen, Stellungnahmen und Empfehlungen in Fachausschüssen und zu Gesetzesentwürfen und Pressemitteilungen von Parteien oder Institutionen. Gezielt eingesetzte digitale Informationsangebote können dabei helfen, Mitarbeitende der Stäbe von Ministerien, Parteien und Fachausschüssen zeitnah und kontinuierlich mit den wichtigsten fachlichen Informationen zu versorgen. Werden Mitarbeitende verschiedener Ministerien oder Mitarbeitende in den Stäben von Minister*innen über speziell erstellte Newsletter, Podcasts oder Whitepaper mit den neuesten Informationen aus Sicht von

Wohlfahrtsverbänden versorgt, kann diese Perspektive Eingang in Gesetzesentwürfe und Diskussionen finden. Auch gezielt angelegte Kommunikationskampagnen in den sozialen Medien, die beispielsweise Bürger*innen dazu auffordern, sich zu bestimmten Themen bei ihren zuständigen Abgeordneten zu melden, können soziale Aspekte dieser diskutierten Themen für Politiker*innen greifbar machen. So kann ein wirksames Gegenwicht zur Lobbyarbeit von Industrieunternehmen und finanziell motivierten Interessenvertretungen gesetzt werden.

Mindestes ebenso wichtig ist, dass auf digitalen Kanälen, wie etwa Slack, Microsoft Teams, Discord, Facebook oder Messenger-Gruppen, Engagierte und Ehrenamtliche erreicht, informiert, mobilisiert und koordiniert werden können. Vor allem kann darüber mit wenig Aufwand ein Austausch und Dialog zwischen Verbänden und Organisationen und Vereinen, Selbsthilfeinitiativen und Engagierten stattfinden. Voraussetzung dafür ist eine Kultur und Haltung der Offenheit und Kooperationsbereitschaft, in der Verbände die Engagierten und selbstorganisierten Gruppen und Initiativen als gleichberechtigte und -wertige Partner*innen ernst nehmen und anerkennen. Ist diese Haltung gegeben, können digitale Kommunikationswege den Austausch und die Koordination deutlich vereinfachen, beschleunigen und national sowie international erst möglich machen.

Digitale Kommunikation kann attraktiv machen

Ein weiterer wichtiger Aspekt der digitalen Kommunikation für die Soziale Arbeit hat mit der Attraktivität der Profession an sich sowie der Gewinnung und Bindung von Fachkräften für Einrichtungen und Organisationen der Sozialen Arbeit zu tun. Eine digital und modern kommunizierende Einrichtung oder Organisation kann neue und künftige Fachkräfte besser erreichen und ansprechen. Sie vermittelt das Bild einer modernen Organisation und kann Einblicke in die eigene Arbeit und das zu erwartende Arbeitsumfeld geben. Eine solche Transparenz und klare Positionierung kann dabei helfen, die zur Einrichtung und Organisationskultur passenden Fachkräfte anzusprechen und sich als Arbeitgeber von der Masse der Einrichtungen abzuheben.

Größer gedacht kann die gesamte Profession der Sozialen Arbeit von einer aktiven digitalen Kommunikation profitieren. In ihr liegt das Potenzial, die Arbeit der Fachbereiche mithilfe der Menschen, die als Fachkräfte arbeiten, gesellschaftlich sichtbarer zu machen. Sie können der Profession ein Gesicht und eine Stimme zu geben. Die Voraussetzungen dafür sind einerseits mehr Ressourcen für die digitale Kommunikation, ein Thema, das sich durch alle folgenden Kapitel ziehen wird, und andererseits die Bereitschaft der Institutionen, Mitarbeitende sichtbar werden und kommunizieren zu lassen. Nicht alle angehenden oder aktuellen Fachkräfte werden das wollen, was verständlich ist. Doch habe ich während meiner Arbeit sowohl mit Studierenden der Sozialen Arbeit als auch mit Fachkräften aller Alters- und Erfahrungsstufen zahlreiche Menschen kennengelernt, die gern mehr zu ihrer Profession, die sie aus Überzeugung gewählt haben, kommunizieren würden. Die meisten benötigen jedoch den Rückhalt und die Bereitschaft der arbeitgebenden Organisation, diese Kommunikation nicht nur zu dulden, sondern aktiv zu unterstützen.

5 Der Blick in die Praxis: Wie wird digitale Kommunikation in der Sozialen Arbeit eingesetzt?

Bevor ich in den folgenden Kapiteln den Fokus auf Beispiele und Erfahrungen aus der Praxis bei der digitalen Kommunikation in Einrichtungen, in der Arbeit mit Klient*innen, in der Öffentlichkeitsarbeit sowie im Recruiting legen werde, möchte ich zunächst drei wichtige grundlegende Aspekte dazu erläutern.

Wenn Ihnen die Begriffe Digitalität, Datenschutz und Privatsphäre als auch deren Bedeutung bei der digitalen Kommunikation für die Soziale Arbeit klar sind, können Sie dieses Kapitel überspringen. Ich lade Sie dennoch dazu ein, sich mit den folgenden Seiten zu befassen. Wahrscheinlich werden Sie feststellen, dass die folgenden Überlegungen entweder doch die eine oder andere neue Sichtweise enthalten oder zumindest als Erinnerung an wichtige Prinzipien dienen.

Bei den Praxisbeispielen in den folgenden Kapiteln nenne ich Einrichtungen, Verbände und Projekte immer dann namentlich, wenn die Informationen dazu entweder öffentlich verfügbar sind oder in den Interviews für dieses Buch, verbunden mit der Freigabe zur Nennung, genannt wurden. Bei Praxisbeispielen, die mein Team und ich aus unserer eigenen Arbeit oder aus den Berichten von Kolleg*innen und Fachkräften kennen, die zum Zeitpunkt der Buchentstehung noch nicht öffentlich dokumentiert oder kommuniziert waren, nutze ich Anonymisierungen und ändere Namen von Einrichtungen, Personen und Orten.

Da sich das Thema dieses Buches, digitale Kommunikation, mit enormer Geschwindigkeit verändert, haben wir die Quellenangaben und Links zu den im Buch erwähnten Seiten und Materialien auf einer Webseite zusammengestellt. Es ist möglich, dass einige der im Buch anonymisierten Beispiele nach der Veröffentlichung der gedruckten Version öffentlich kommuniziert und dokumentiert werden. Sollte das der Fall sein, werden wir diese öffentlich zugänglichen Informationen auf unserer Quellenwebseite aktualisieren und die dort verfügbare Liste der Quellen erweitern.

www.sozial-pr.net/die-seite-zum-buch-
digitale-kommunikation-und-soziale-arbeit.de

Digitalität als Grundhaltung: Warum Digitalisierung als Denkmodell zu kurz greift

Von Digitalisierung ist in den letzten Jahren viel geschrieben und gesprochen worden. In den verschiedenen Konversationen und Diskussionen werden einige Begriffe immer wieder verwendet. Dazu gehören unter anderem »Digitalisierung«, »Digitaler Wandel« und »Digitale Transformation«. Ein wichtiger Begriff wird erst seit vergleichsweise kurzer Zeit diskutiert: »Digitalität«. Warum dieser meiner Meinung nach der wichtigste Terminus für die Soziale Arbeit ist, wird bei den Definitionen der Begriffe (Zentrum für digitale Arbeit 2021) deutlich. (Ich schreibe bewusst nicht »digitale Soziale Arbeit«, sondern schließe die gesamte Profession und den gesamten Arbeitsbereich ein.)

- *Digitalisierung:* Die Bezeichnung beschreibt einen sehr simplen Vorgang – die Übertragung analoger Informationen in digitale Formate. Wenn beispielsweise gedruckte Akten oder Texte eingescannt werden, werden diese damit digitalisiert.
- *Digitaler Wandel:* Der digitale Wandel ist für die Soziale Arbeit an sich als auch für Ihre Fachkräfte sehr relevant. Es beschreibt die fortschreitende Nutzung digitaler Technologie und die damit verbundenen gesellschaftlichen Veränderungen.
- *Digitale Transformation:* Dieser Terminus wird oft als Synonym für digitalen Wandel verwendet. Jedoch ist das nicht vollständig zutreffend. Denn Digitale Transformation beschreibt die fortschreitende Nutzung digitaler Technologie und die dadurch eintretenden Veränderungen in und für Unternehmen.

Prof. Dr. Johannes Moskaliuk von der International School of Management Stuttgart (Moskaliuk, 2020) definiert Digitalität wie folgt:

»Der Begriff Digitalität meint: Es geht nicht um Technologien, sondern um die Frage, wie wir in Zukunft lernen und kommunizieren möchten.«

Digitalität bedeutet also, digitale und virtuelle Kommunikationsmöglichkeiten und Plattformen als Teil der Lebenswelt zu akzeptieren und sich gedanklich von der Unterscheidung zwischen realer und virtueller Welt zu trennen. Natürlich gibt es nach wie vor greifbare Unterschiede zwischen physischen und digitalen Erfahrungen. Jedoch sind digitale Kommunikationskanäle, die Vernetzung über Social Media und digital aufgebaute und gepflegte Beziehungen für Menschen, die mit Social Media, Messengern und allgegenwärtiger digitaler Kommunikation aufwachsen, genauso real wie persönliche Treffen und ein Gespräch in einem Café. Digitalität als Haltung bedeutet nicht, die realen Unterschiede zwischen physischen und digitalen Interaktionen zu ignorieren. Solche Unterschiede können beispielsweise die höhere sensorische Ansprache bei Präsenztreffen und eine möglicherweise höhere Konversationsgeschwindigkeit bei digitalen Formaten sein. Gelebte Digitalität meint, digitale Erlebnisse, Beziehungen und Kanäle als legitimen und normalen Teil des Lebens anzuerkennen und diese nicht abzuwerten.

Für Menschen, die nicht mit digitalen Technologien aufgewachsen sind und sich diese möglicherweise mühsam erarbeiten müssen, kann dieses Konzept eine Herausforderung darstellen. Mir ist es wichtig, zu betonen, dass das völlig nachvollziehbar und normal ist. Niemand kann erwarten, dass Menschen mit der Geschwindigkeit der technologischen Entwicklungen und den damit verbundenen gesellschaftlichen Veränderungen Schritt halten und sich auf alle Neuerungen mit Begeisterung einlassen. Eine gesunde Skepsis ist durchaus angebracht und verständlich. Gerade im Hinblick auf Social Media, Messenger und andere digitale Kommunikationsmöglichkeiten ist die Situation ambivalent. Facebook gibt es beispielsweise erst seit 2004. Das Netzwerk wurde nach und nach zu dem heute bekannten Riesen. Der Durchbruch und die weltweite Verbreitung begannen für Facebook, Twitter, das erst 2006 gegründet wurde, als auch andere Social-Media-Anbieter jedoch erst ab dem Jahr 2008, in dem mit dem iPhone 3G das zweite iPhone-Modell überhaupt auf den Markt kam. Dieses Modell bügelte zahlreiche Probleme der ersten Generation aus, brachte Google dazu, zusammen mit HTC noch im gleichen Jahr das erste Android-Smartphone auf den Markt zu bringen und ebnete den Weg für die Smartphone-Revolution. Durch diese mobilen und ständig mit dem Internet verbundenen Computer wurde Social Media omnipräsent. Die nur langsam besser werdenden mobilen Datenverbindungen waren dabei kein signifikantes Hindernis.

All diese Technologien sind einerseits also noch recht jung. Andererseits spielt das in der Lebenswelt und im Alltag vieler Menschen, vor allem der Generationen, die damit aufgewachsen sind, keine Rolle. Für sie gibt es keine Welt ohne Social Media und Smartphones. Sie setzen diese Technologien und die damit verbundenen Möglichkeiten voraus und integrieren diese ganz selbstverständlich in ihr Leben. Das bedeutet nicht, dass die Menschen in diesen Generationen automatisch ein tiefes Verständnis für die verwendeten Technologien und deren Funktionsweise haben. Auch bei Smartphone-Vielnutzer*innen, sogenannten Power User*innen, kann das Verständnis für die nötige Infrastruktur, die Mechanismen und die Verwendung der von ihnen bei der Nutzung generierten Daten sehr eingeschränkt sein. Das kann der Fall sein – muss es aber nicht.

Ihnen, liebe Leser*innen, fällt sicherlich auf, dass ich den Begriff Generation Z und andere Generationseinteilungen nicht verwende. Das ist eine bewusste Entscheidung. Sie stammen aus der Soziologie, in der sie ihre Berechtigung und ihren Nutzen haben. Sie jedoch auf Kommunikation, die Einordnung von Nutzer*innenverhalten, Marketing, Öffentlichkeitsarbeit oder andere Bereiche zu übertragen, ohne ihre ursprüngliche Funktion und ihren eigentlich intendierten Nutzen zu reflektieren, halte ich für einen Fehler. Derartig schablonenhafte Einordnungen führen schnell dazu, dass Menschen bestimmter Altersgruppen pauschal Fähigkeiten, Stärken und Schwächen zugeschrieben werden. Gerade wenn es um das Verhältnis zu digitaler Kommunikation und digitaler Technologie und deren Nutzung im Alltag geht, findet eine solche pauschale Zuschreibung häufig statt. In der Praxis zeigt sich allerdings, und Fachkräfte der Sozialen Arbeit wissen das durch ihre Ausbildung und Erfahrung im Grunde auch, dass es deutlich komplexer ist. Junge Menschen, die aus finanziell und sozial herausfordernden Verhältnissen kommen, haben möglicherweise weniger Zugang zu digitalen

Chancen als auch zu digitaler Technik und daher auch keine hohe Affinität. Ältere Menschen, die jedoch finanziell gut aufgestellt sind und sich gern mit neuen Themen befassen, können dagegen digital- und technikaffin sowie in ihrer alltäglichen Nutzung auf dem neuesten Stand sein.

Zugegeben, ich nutze hier bewusst das Altersklischee. Doch es ist genau das: Ein Klischee. Denn auch das Alter ist per se kein Kriterium für digitale Affinität oder deren Mangel. Ich tue dies aber, um zu verdeutlichen, dass diese Klischees genau das sind: Klischees und Vorurteile, die Individuen meist nicht gerecht werden und nicht zur professionellen, Menschen zugewandten Haltung von Fachkräften der Sozialen Arbeit passen.

Wenn Sie sich umfassender mit Digitalität befassen wollen, kann ich Ihnen die kritische Lektüre des Buches »Kultur der Digitalität« von Felix Stadler (Stadler, 2021) ans Herz legen. Ich stimme nicht all seinen Ausführungen zu, der Blogartikel »Diskussion: Kultur der Digitalität – eine kritische Betrachtung« von Bob Blume (Blume, 2021) oder die Rezension bei netzpolitik.org (Dobusch, 2016) bringen lesenswerte Kritik- und Reflexionspunkte an. Dennoch kann ich das Buch für die fachliche Beschäftigung mit und für die Reflexion der Digitalität klar empfehlen.

Datenschutz als Chance: Kernkompetenzen der Sozialen Arbeit sind gefragt

Neben Digitalität als Haltung sind in diesem Kontext natürlich auch die Themen Datenschutz und Privatsphäre relevant. Ich behandle sie jedoch bewusst in eigenen Abschnitten, weil es sich dabei um verschiedene Themen mit unterschiedlichen Schwerpunkten und Aspekten handelt.

Vielleicht rollten Sie beim Wort Datenschutz mit den Augen. Wenn das der Fall war, sind Sie damit nicht allein. In unserer Arbeit mit sozialen Einrichtungen und Trägern erleben mein Team und ich immer wieder, dass Datenschutz als Bremse, Verhinderer und störend wahrgenommen wird. Ein Teil dieser Wahrnehmung ist in den Organisationsstrukturen und Arbeitsabläufen begründet. Entweder ist Datenschutz ein Thema, das von zwangsverpflichteten

Mitarbeitenden zusätzlich zu ihrer eigentlichen Aufgabe bearbeitet werden muss. Dann ist es nachvollziehbar, dass Ablehnung und ein »Nein« die Standantwort sind, um sich Arbeit zu sparen. Oder es sind externe Datenschutzbeauftragte dafür zuständig, die nur schwer erreichbar sind oder lange für Antworten brauchen.

Es geht jedoch auch anders. In der sechsmonatigen Qualifizierungsreihe »Digitale Ehrenamtskoordination« (DRK-Wohlfahrt, 2021), die wir für den Deutsche Rotes Kreuz e. V. durchführen durften, hatten wir das Vergnügen, mit DRK-Mitarbeitenden aus zahlreichen Verbänden zu arbeiten. Bei den Prozessen im Bereich Datenschutz war die Bandbreite enorm. Auf einige wenige passte die obige Beschreibung und Datenschutz wurde eher als problematisch gesehen. Andere waren hervorragend organisiert, hatten externe Datenschutzbeauftragte, die in 24 bis 48 Stunden auf Fragen antworteten, gut erreichbar waren und ihre Einschätzungen anschaulich begründeten. In diesen Verbänden wurden Datenschutzschulungen praxisnah konzipiert und durchgeführt. Die Bedeutung der Datenschutzgesetze und -regelungen für die Praxis der Mitarbeitenden wurde klar vermittelt. Durch diesen Prozess wird Datenschutz nicht als Bürde, sondern schlicht als Teil der Arbeit empfunden, der handhabbar und praxisorientiert gestaltet werden kann.

Mit diesem Kapitel möchte ich Sie einladen, Datenschutz aus einem anderen Blickwinkel zu betrachten. Gerade wenn die Prozesse für Datenschutzfragen und -vorgaben in Ihrer Einrichtung nicht optimal geregelt sein sollten, kann Sie dieses Kapitel unterstützen. Auch wenn ich für dieses Buch mit Jurist*innen sprach und wir mit Anwält*innen eng zusammenarbeiten, so bin ich kein Jurist und werde daher nicht detailliert auf die rechtlichen Aspekte eingehen. Außerdem ist keine der folgenden Informationen auch nur ansatzweise als Rechtsberatung anzusehen. Ich werde auf die in unserer Arbeitspraxis relevantesten Grundsätze eingehen und diese an einigen Beispielen fest machen. Bei all diesen Beispielen sind die Haltung und Perspektive, aus der mein Tema und ich Datenschutz sehen und zu der wir Sie, liebe Leser*innen, einladen:

Datenschutz ist eine enorme Chance für die Soziale Arbeit und braucht Ihre Kernkompetenzen – vor allem in digitalen Zeiten.

Um diese Sichtweise zu verstehen, sind einige der in der EU-weit gültigen Datenschutzgrundverordnung, kurz DSGVO, definierten Grundsätze wichtig. Im Kern verfolgt die DSGVO nämlich eine hervorragende Intention, die der Sozialen Arbeit und ihrem Umgang mit Klient*innendaten sehr nahe ist:

- Individuen werden in die Lage versetzt, sich ein klares Bild zu verschaffen, welche Daten wo und von wem über sie gespeichert sind, und haben einen Rechtsanspruch auf die entsprechende Auskunft.
- Individuen haben ebenfalls das Recht, jedes Unternehmen, im Rahmen der gesetzlichen Speicherfristen und der damit einhergehenden Möglichkeiten, zur Löschung der über sie gespeicherten Daten aufzufordern. Dieser Aufforderung muss nachgekommen werden.
- Organisationen und Anbieter*innen technischer Dienste sind verpflichtet, Daten so zu speichern, dass sie zu anderen Diensten übertragen werden können. Individuen können dadurch, zumindest in der Theorie, nicht mehr dauerhaft an einen Dienst gebunden werden. Der sogenannten Lock-in-Effect, bei dem Menschen bei Diensten bleiben, weil der Wechsel zu anderen Anbietenden zu aufwändig wäre, soll dadurch abgeschwächt werden.

Ich verzichte an dieser Stelle auf die entsprechenden Paragrafen und konkreten Abschnitte der DSGVO, da mein Fokus auf den Prinzipien liegt. Die grundlegende Intention ist klar und aus meiner Sicht unterstützenswert: Die Rechte von Privatnutzer*innen und Kund*innen, das gilt auch für Klient*innen der Sozialen Arbeit, sollen gegenüber Unternehmen und Organisationen gestärkt und die Kontrolle über die eigenen Daten ausgebaut werden. Dass die Umsetzung in der Praxis, wie bei fast jeder Verordnung und jedem Gesetz, Lücken aufweist und ausbaufähig ist, bleibt unbestritten.

Ungeachtet aller rechtlichen Vorgaben und möglichen Konsequenzen müssen sich Fachkräfte und Einrichtungen der Sozialen Arbeit aus ureigener intrinsischer Motivation um Datenschutz bemühen. Dieser ist jenseits der gesetzlichen Bestimmungen eine Kernverantwortung der Sozialen Arbeit. (Neben der DSGVO sind auch das Bundesdatenschutzgesetz und für konfessionelle Träger zusätzlich auch die kirchlichen Datenschutzgesetze bindend.) Denn was würde es für die Vertrauensgrundlage und die Basis der Arbeitsbeziehung von Fachkräften sowie Rat- und Hilfesuchenden bedeuten, wenn Letztere sich nicht auf den ordentlichen Umgang und den Schutz ihrer Daten verlassen könnten? Wie viel Vertrauen könnten Klient*innen Organisationen der Sozialen Arbeit wirklich entgegenbringen, wenn sie damit rechnen müssten, dass ihre Daten von allen Mitarbeitenden eingesehen und potenziell verbreitet werden könnten? Die Antwort ist offensichtlich: Ein laxer Umgang mit Datenschutz wäre verheerend für die nötige Vertrauensbasis und das Ansehen sozialer Hilfs- und Beratungsangebote. In der Vergangenheit gab es immer wieder kleinere Datenschutzskandale, wenn sozialen Einrichtungen Daten verloren gingen oder diese missbraucht wurden. Die Konsequenz war fast immer schwindendes Vertrauen und, zumindest temporär, schwindende Klient*innenzahlen in den jeweiligen Diensten.

Datenschutz ist jedoch nicht nur Verantwortung, sondern auch eine enorme Chance für die Soziale Arbeit. In einer Zeit, in der viele Onlinedienste und Anbietende digitaler Dienste aus finanzieller Sicht kostenlos sind und dafür mit den Daten ihrer Nutzer*innen Geld verdienen, die Werbeprodukte von Facebook und Google sind hier nur die prominentesten Beispiele, hat die Soziale Arbeit die Chance, sich klar als datenschutzfreundliche und verantwortungsvolle Profession mit vertrauenswürdigen Angeboten im digitalen Raum zu positionieren. Einige wenige Organisationen positionieren sich und ihre Produkte bereits als Alternativen für Menschen, denen der Schutz ihrer Daten wichtig ist. Beispiele dafür sind die Stiftung Mozilla Foundation, die sowohl den Messengerdienst Signal als auch den bekannten Browser Firefox anbietet, und der Messengerdienst Threema der Schweizer Firma Threema GmbH. Digitale Soziale Arbeit hat das Potenzial, sich mit ihren Angeboten ebenfalls in dieser Umgebung einzureihen. Mindestens fünf Kernkompetenzen qualifizieren sie dafür:

1. das Verständnis für die Bedarfe und Herausforderungen von Menschen in besonderen Lebenslagen, inklusive dem Bedürfnis, die eigene Situation privat zu halten und sensibel mit den Informationen dazu umzugehen,
2. ein tiefes Verständnis für gesellschaftliche und psychologische Strukturen und Zusammenhänge,

3. das fachliche Verständnis für soziale, menschliche und gesellschaftliche Dynamiken, Strömungen und Entwicklungen,
4. der Fokus auf »Menschen vor Technik« und den menschenfreundlichen und bedarfsorientierten Einsatz von Technik,
5. das kritische und reflektierte Hinterfragen von Hypes und populären Strömungen hinsichtlich des konkreten Nutzens, ihrer Chancen und Risiken.

Diese Kompetenzen in Verbindung mit einer ausgeprägten Werteorientierung, auch wenn diese von Träger zu Träger unterschiedlich sein kann, und einer universellen Anerkennung der Menschenrechte als gemeinsame Grundlage des Menschenbildes führen dazu, dass die Soziale Arbeit gerade im digitalen Raum ein wichtiges Gegenwicht zu datengetriebenen Geschäftsmodellen sein kann.

Privatsphäre im 21. Jahrhundert: zwischen gesetzlichen Vorgaben und subjektiver Wahrnehmung

Privatsphäre wird oft mit Datenschutz verbunden und teilweise sogar synonym verwendet. Für die Ausführungen in diesem Kapitel sind die Definitionen und Bedeutungen beider Begriffe entscheidend.

- *Datenschutz* bezeichnet die Aufgabe und alle Maßnahmen für den Schutz anvertrauter Daten vor unberechtigtem Zugriff. Es geht um die Zugriffskontrolle und die Sicherheit, dass nur die Menschen und Institutionen Daten sehen und nutzen können, die diese für ihre Arbeit benötigen und dazu befugt sind.
- *Privatsphäre* beschreibt den Bereich eines Menschen, der nur die jeweilige Person betrifft. Jedes Individuum entscheidet für sich, wie privat welche Themen und Informationen sind und welche anderen Menschen wie tief in diese Privatsphäre eintauchen dürfen.

In Workshops und Vorträgen formuliere ich es so: Datenschutz ist Thema, Aufgabe und Verantwortung der Fachkräfte und Träger der Sozialen Arbeit. Privatsphäre ist Thema und Recht der Klient*innen, Rat- und Hilfesuchenden. Manche Fachkräfte reagieren auf diesen Hinweis mit Widerspruch. Sie nehmen die an Einrichtungen und Organisationen gestellten Datenschutzanforderungen – sowohl vom Gesetzgeber als auch von Klient*innen – als unverhältnismäßig wahr. Dabei verweisen sie auf einen anscheinenden Widerspruch: Einrichtungen sind an hohe Datenschutzanforderungen gebunden, während Rat- und Hilfesuchende am liebsten über Kanäle und Messenger kommunizieren wollen, beispielsweise WhatsApp, die diesen Ansprüchen nicht genügen. Teilweise stellen Klient*innen hohe Datenschutzanforderungen an die Angebote der Sozialen Arbeit, während sie gleichzeitig privat auf Social-Media-Plattformen Informationen teilen und sich öffentlich darstellen.

Dieses Spannungsverhältnis von Datenschutzbewusstsein und Verhalten zeigt auch die JAMES-Studie 2022 der Zürcher Hochschule für Angewandte Wissenschaften auf. Für die insgesamt sehr lesenswerte Studie wurden über 1.000 Schweizer Jugendliche im Alter zwischen zwölf und 19 Jahren zu ihrer Mediennutzung befragt. Hätten Sie beispielsweise gedacht, dass Trends in Social Media vor allem von Mädchen gesetzt werden? Für dieses Kapitel sind indes vor allem die Erkenntnisse zu Datenschutz und Privatsphäre interessant. Dazu heißt es in der JAMES-Studie (Külling/Waller/Suter/Willemse/Bernath/Skirgaila/Streule/Süss, 2022, S. 67 f.):

> »Datenschutz und Privatsphäre sind für die Jugendlichen eine Herausforderung. Trotz Datenschutzbedenken, wie sie in den vergangenen Jahren im Zusammenhang mit der Messenger-App WhatsApp lauter wurden, sind fast alle Jugendlichen bei WhatsApp aktiv. Alternativen wie Signal oder Threema fristen nach wie vor ein Nischendasein. Rund ein Viertel der Jugendlichen macht sich Sorgen darüber, dass persönliche Informationen, die sie eigentlich nicht teilen wollen, online sichtbar werden. Dieser Anteil hat in den vergangenen Jahren konstant leicht abgenommen. Auch der Anteil Jugendlicher, die auf sozialen Netzwerken die Privatsphäre-Einstellungen nutzt, ist seit 2012 stetig gesunken und liegt nun bei 60 %. Gleichzeitig verhält sich die Mehrheit der Jugendlichen auf sozialen Netzwerken eher zurückhaltend und gibt öffentlich wenig von sich preis, was in vergangenen JAMES-Studien (2018) als ein Rückzug in halböffentliche Räume beschrieben wurde. Die Datenschutzthematik hat

sich ausserdem [sic] in den vergangenen Jahren verändert. Wurde zu Anfangszeiten der sozialen Netzwerke primär diskutiert, welche Informationen oder Fotos man nicht (öffentlich) teilen soll, durchdringt das Thema mit Aspekten wie Cookies, Algorithmen oder Ende-zu-Ende-Verschlüsselung nun viele weitere Aspekte des digitalen Alltags, was Heranwachsende von heute zusätzlich herausfordert.«

Hier werden zwei Effekt deutlich, von denen mir auch zahlreiche Fachkräfte aus ihrer jeweiligen Arbeitspraxis berichten. Einerseits ist es die wachsende Komplexität des Datenschutzes in den sozialen Medien und generell im Internet. Tracking findet längst nicht mehr nur in einzelnen Apps und Netzwerken statt. Diskussionen um Themen wie die Vorratsdatenspeicherung oder der Zugriff auf Messengerdienste durch Ermittlungsbehörden schaffen neue Herausforderungen für Nutzer*innen von Onlinediensten. Andererseits werden ein gewisser Gewöhnungseffekt und Anzeichen für ein verändertes Privatsphäre-Verständnis in den Ergebnissen sichtbar.

Der sinkende Anteil der Jugendlichen, die Privatsphäre-Einstellungen in sozialen Medien nutzen, kann als Hinweis für eine Gewöhnung an das ständige Tracking interpretiert werden. In Verbindung mit der eher zurückhaltenden Kommunikation und dem »Rückzug in halböffentliche Räume« ist es für mich jedoch eher ein Indiz für ein verändertes Verständnis von Privatsphäre. Aktuell sind mir keine Studien bekannt, die konkret untersuchen, wie Jugendliche den Begriff Privatsphäre on- sowie offline verstehen und ob sich dieses Verständnis in den letzten Jahren verändert hat. Die folgenden Gedanken speisen sich daher ausschließlich aus der Erfahrung meines Teams und den Erfahrungen zahlreicher Fachkräfte, mit denen wir in Projekten, auf Fachveranstaltungen und im Rahmen von Workshops in den Austausch treten durften. Auch wenn die folgenden Überlegungen einer Datengrundlage entbehren, ist aus meiner Sicht die wahrgenommene Veränderung des Privatsphäre-Begriffs so relevant für die Praxis von Fachkräften der Sozialen Arbeit, dass ich sie hier als Anregung und Reflexionsimpuls ausführen werde.

Wie ich bereits beschrieb, ist Privatsphäre der Bereich eines Menschen, der nur ihn betrifft. Traditionell bedeutete das, zumindest in

Deutschland, dass private Themen nur in der Familie oder im engsten Freundeskreis besprochen und nicht nach außen getragen wurden. Bei Jugendlichen, die mit Onlinediensten und Social Media aufwachsen und diese Kommunikationsmöglichkeiten aktiv nutzen, hat sich das Verständnis von Privatsphäre meiner Wahrnehmung nach verändert. Der Kreis der Menschen, mit denen private Informationen geteilt werden, vergrößerte sich in vielen Fällen deutlich und die Grenzen dafür, welche Themen als privat definiert werden, veränderten sich ebenfalls. Nacktbilder werden auch heutzutage nicht öffentlich in den sozialen Medien geteilt, jedoch durchaus regelmäßig über Messenger, in Kommunikationskanälen, die zumindest als geschützt wahrgenommen werden, verbreitet. Die Hemmschwelle für die Kommunikation solcher Bilder war vor einigen Jahren noch höher.

Social-Media-Plattformen wie beispielsweise Instagram haben Funktionen eingeführt, mit denen ausgewählte Kontakte als »enge Freunde« festgelegt werden können. Bilder und Videos können dann gezielt nur für diese eingeschränkte Gruppe von Nutzer*innen freigegeben werden. Viele Messengerdienste bieten inzwischen die Möglichkeit, temporäre Nachrichten, die sich nach einer definierten Zeit oder nach einer festgelegten Anzahl von Aufrufen automatisch löschen, zu versenden. Der einst gehypte und heute mit mehr als sechs Millionen täglich aktiven Nutzer*innen (Firsching, 2022) in Deutschland immer noch sehr lebendige Social-Media-Dienst Snapchat ist genau deshalb für Jugendliche attraktiv: Inhalte können nach einer definierten Zeit automatisch gelöscht werden.

All diese Entwicklungen mögen auf den ersten Blick nur lose Verbindungen aufweisen, haben aus meiner Sicht hingegen eine grundlegende Eigenschaft gemeinsam: Sie reagieren auf das Bedürfnis von vor allem jugendlichen Nutzer*innen, zu kontrollieren, wer welche Inhalte wie lange sehen kann und mit wem sie welche Informationen teilen.

Privatsphäre bedeutet für Jugendliche heute, so meine These, nicht mehr, private Themen möglichst privat und für sich zu behalten. Viel mehr bedeutet Privatsphäre, dass Jugendliche die Kontrolle darüber haben wollen, mit wem sie welche Informationen wie lange teilen. Die Zahl der Menschen, mit denen private Themen geteilt werden, ist deutlich angewachsen. Dennoch ist damit der Wunsch nach mehr Selbstbestimmung verbunden.

Fachkräfte der Sozialen Arbeit sollten sich in ihrer täglichen Arbeit darüber bewusst sein, dass verschiedene Klient*innen, Rat- und Hilfesuchende Privatsphäre möglicherweise unterschiedlich verstehen. Es ist daher sinnvoll und geboten, in Erstgesprächen und beim Beziehungsaufbau zu klären, welche Themen als privat gesehen werden und wo die individuellen Grenzen dabei verlaufen. Auch das gehört zu einer menschenorientierten Sozialen Arbeit, die das Individuum in seiner Besonderheit ernst nimmt und respektiert.

6 Digitale Kommunikation in Einrichtungen: höher, schneller, weiter?

Wenn es um die Nutzung digitaler Kommunikationsmöglichkeiten in Einrichtungen der Sozialen Arbeit geht, sind die Perspektiven und Einschätzungen der Fachkräfte dieser Einrichtung entscheidend. Annemarie Matthies, Jakob Tetens und Juliane Wahren, Professor*innen der IU Internationalen Hochschule in Berlin respektive Bremen, haben diese Einschätzungen in ihrer Pulsbefragung Digitasa im Mai und Juni 2021 erfasst. Es beteiligten sich 488 Personen aus allen Bundesländern, etwas mehr als die Hälfte der Teilnehmenden sind Fachkräfte ohne Leitungsfunktion (Matthies/Tetens/Wahren, 2021). Die Antworten auf die Frage nach digitalen Formaten und Ausstattung fasst das Team in der folgenden Grafik zusammen:

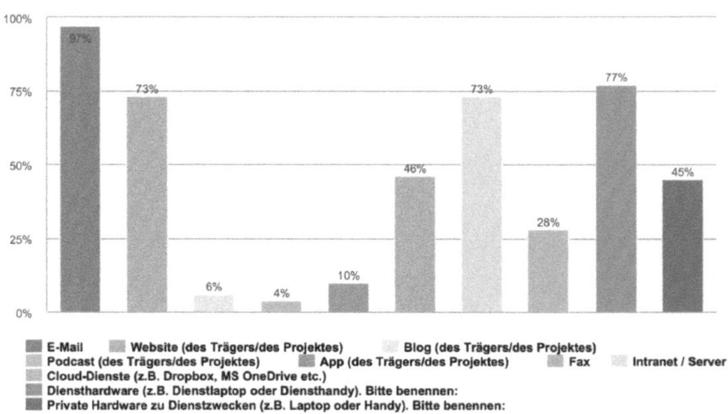

Abb. 3: Nutzung digitaler Formate laut Digitasa-Befragung (Matthies/Tetens/Wahren, 2021)

Interessant sind vor allem die Ergebnisse zu Videokonferenzen und Dokumentationstools. Dazu schreibt das Forschungsteam:

> »Bei der Frage nach den Nutzungszwecken digitaler Formate zeigt sich, dass Videokonferenztools wie Zoom und Microsoft Teams weit verbreitet sind [...]. Die Nutzung von Dokumentations-Software, wie z. B. Daarwin und Vivendi, wird hingegen nur von der Hälfte der Befragten angegeben. Dies deutet darauf hin, dass Dokumentationsaufgaben in vielen sozialen Einrichtungen noch ohne speziell dafür entwickelte digitale Tools bewältigt werden.« (Matthies/Tetens/Wahren 2021)

Wenn von digitaler Kommunikation und dem damit verwandten Bereich des digitalen Arbeitens in Einrichtungen die Rede ist, geht es also überwiegend um Videokommunikation, Intranet- und Chat-Anwendungen. Die Gründe dafür sind zwar je nach Einrichtung verschieden, in unserer Arbeit begegnen uns jedoch drei Hauptfaktoren, die das erklären können:

1. Die mit der Coronapandemie verbundenen Kontaktbeschränkungen machten den Nutzen von Videokonferenzen, meist als Ersatz für Präsenzkommunikation und -termine, deutlich. Der Einsatz von Videokonferenzsoftwares war in vielen Einrichtungen über Nacht alternativlos und wurde aus der Notwendigkeit heraus, den Kontakt aufrechtzuerhalten, geboren. Entsprechend intensiv wurden Fachkräfte geschult und notwendige Lizenzen angeschafft. Die Nutzung nahm bei den meisten Einrichtungen nach dem offiziellen Ende der Coronapandemie ab, Videokonferenzen konnten sich dennoch als ein fester digitaler Kommunikationskanal etablieren.
2. Videokonferenzen sind durch ihre sensorische Ansprache und mediale Aufmachung das Medium, das Gesprächen in Präsenz am nächsten kommt. Auch wenn eine Umstellung von Präsenzgesprächen auf den Austausch via Videotelefonie nötig ist, lassen sich Beratungsgespräche und Teambesprechungen via Videokonferenz noch am leichtesten von Präsenz- in Onlinetermine übertragen.

3. Während der Coronapandemie hatten viele Anbieter*innen von Videokonferenz-Softwares Lizenzen kostenlos an gemeinnützige Einrichtungen verteilt. Dadurch wurde die Eintrittshürde gesenkt und die Nutzung konnte schnell und in vielen Fällen unbürokratisch beginnen. Dabei wurden die Datenschutzanforderungen vielerorts abgesenkt oder völlig ignoriert, was ebenfalls den Einstieg in die Nutzung erleichterte.

Diese Erfahrungen und den vergleichsweise leichten Zugang zu Videokonferenzsystemen bestätigt auch Ursel Wolfgramm, ehemalige Vorstandsvorsitzende des Paritätischen Baden-Württemberg. Sie gehörte während ihrer aktiven Zeit zu den digitalaffinen Leitungskräften im Wohlfahrtsbereich und beschreibt die Nutzung digitaler Kommunikationsmöglichkeiten während der Coronapandemie im Paritätischen Baden-Württemberg unter anderem so:

»Wir führten bei uns im Paritätischen intern eine Klausur durch und haben alle fünfzig Personen, die mit zur ersten und zweiten Führungsebene gehören, in die Vorbereitung eingebunden. Alle hatten einen Monat Zeit, an der Vorbereitung mitzuwirken. Dazu gehörten auch Fortbildungseinheiten, in denen alle lernten, wie man mit Tools wie Zoom arbeitet, wie man Break-out-Rooms anlegt, wie man mit Miro arbeitet, wie man Fotos und Filme einbaut, also wie man die Dinge spannend gestalten kann. Sie merkten, dass das Spaß bringt. Die Zurückhaltung bis hin zu Widerständen, die wir in der Vergangenheit hatten, wurden aufgegeben.

Auch bei uns war es so, dass der digitale Schub erst richtig mit Corona, also mit dem Shutdown, kam, weil es dann nicht anders ging. Vorher sagten alle: ›Ach, muss das denn sein? Frau Wolfgramm wieder mit ihren spleenigen Digitalstrategien und so.‹ Das ist jetzt aber weg. Ich hoffe und ich würde es mir sehr, sehr wünschen, dass auch unsere Mitglieder diese Zeit nutzen konnten, um digitale Kompetenz zu erwerben. Um ihre Widerstände ein bisschen aufzugeben und tatsächlich auch Spaß daran zu haben.«

Verbunden mit Schulungsangeboten und dem konkreten Einsatzzweck der Führungsklausur dienten Videokonferenzen dazu, die Hürde zur Beschäftigung mit digitalen Kommunikationswegen im internen Einsatz zu senken und sogar Spaß an den neuen Möglichkeiten zu wecken. Heute, im Jahr 2023, sind Videokonferenzen in den meisten Einrichtungen zumindest theoretisch normal geworden und werden regelmäßig genutzt. Praktisch sind die Begeisterung und Offenheit für diese Kommunikationswege jedoch sehr unterschiedlich. Immer wieder höre ich von Fachkräften den Satz: »Es wird Zeit, dass wir wieder normal arbeiten.« Mit »normal« sind dabei die Arbeit in Präsenz und die Rückkehr zur Normalität vor der Coronapandemie gemeint. Auf Nachfrage stellt sich bei vielen jedoch heraus, dass sie nicht komplett zur Vor-Corona-Zeit zurückkehren wollen, denn sie schätzen durchaus einzelne Aspekte des digitalen Arbeitens und der digitalen Kommunikation. Am häufigsten werden zeitlich flexibles Arbeiten, die zeitweise Arbeit im Homeoffice und der schnelle digitale Austausch genannt. Doch auch die Kommunikation über digitale Arbeitswerkzeuge und Projektmanagementtools hat inzwischen in zahlreichen Einrichtungen einen festen Platz gefunden. So berichtet Marius Künzel, Leiter der Bildungsabteilung eines Jugendhilfeträgers in Mönchengladbach, Anfang 2021 im Interview für dieses Buch:

> »Wenn wir bei digitaler Kommunikation weitergehen, arbeiten wir seitdem wir existieren mit Trello, also einem klassischen Projektmanagement-System. Das ist für mich sehr wichtig als Leitung, denn ich habe zwei Kolleg*innen unter mir und wir haben auch relativ häufig Studierende aus dem Netzwerk, die zu uns kommen und sich mit Trello relativ leicht in diese ganzen Sachen einarbeiten können. Da gibt es eine gute Funktion, um sich die Workshop-Inhalte anzuschauen: Wie baut man einen Workshop auf? Also das ist für uns eine gute Plattform, um zum Beispiel, wenn ein neues Projekt angelegt wird, klassisch von Grund auf dort alle Informationen zu sammeln, auf die jeder auch von zu Hause zugreifen kann. Ich glaube Corona hat uns ebenfalls gezeigt, dass viel Anwesenheit im Büro manchmal nicht sinnvoll ist, sondern dass man auch von zu Hause sehr gut arbeiten kann.«

Für Marius und sein Team übernimmt das Projektmanagementtool Trello auch Kommunikationsaufgaben. Da hier alle Informationen und Arbeitsabläufe hinterlegt sind, können sich Studierende oder neue Kolleg*innen selbstständig und in ihrem eigenen Tempo einarbeiten. Eine solche Arbeitsweise ist noch nicht in allen Einrichtungen und Trägern der Sozialen Arbeit Standard. Die Themen Onboarding, interne Dokumentation, unabhängig von Kostenträgern, und interne Team-Kommunikation werden inzwischen immer aktiver und bewusster angestoßen und organisiert.

Ein Tool-Tipp bietet sich an dieser Stelle an: Wer eine deutsche und datenschutzkonforme Alternative zu Trello sucht, wird bei Meistertask fündig. Wir nutzen das Tool im Team und sind damit sehr zufrieden.

Struktur ist essenziell für wirksame digitale Kommunikation

Viele Träger und Einrichtungen, die wir begleiten dürfen, stellen nach einiger Zeit fest, dass die interne Einführung und Nutzung digitaler Arbeits- und Kommunikationstools nicht nur positive Veränderungen, sondern auch neue Herausforderungen mit sich bringt. Damit sind nicht die bereits früher im Buch adressierten Risiken gemeint. Vielmehr geht es um die Notwendigkeit, klare Regeln zu entwickeln und Strukturen zu schaffen. Ähnlich wie bei agilen Arbeitsmethoden verleiten auch digitale Kommunikationsmöglichkeiten wie Intranet-Systeme, Messengerdienste, Projektmanagementtools und ähnliches dazu, primär die zahlreichen Funktionen, die Gestaltungsspielräume und Partizipationsmöglichkeiten zu sehen.

Diese Erfahrung machte auch Irene Bär mit ihrem Team. Irene Bär war zum Zeitpunkt des Interviews Leiterin der youngcaritas Deutschland. Dabei handelt es sich um die Plattform der Caritasverbände für das soziale Engagement junger Menschen. Im Moment ist die youngcaritas an über achtzig Standorten in Deutschland aktiv. Auch für das youngcaritas-Team war die Coronapandemie ein Digitalisierungsschub. Irene Bär hebt vor allem die positiven Entwicklungen der internen Kommunikation hervor:

»Was sich bei uns in den letzten Monaten entwickelte, ist die interne Kommunikation. Also die Frage, wie wir denn als Netzwerk zusammen agieren und wie wir gemeinsam arbeiten. Wir waren vorher [gemeint ist vor Corona; C. M.] schon ganz gut aufgestellt, aber das gab uns noch mal einen deutlichen Push. Gleichzeitig müssen wir schauen, was wir jetzt damit machen. Wir setzten verstärkt Videokonferenzen und ein kollaboratives Tool auf, mit und in denen wir gemeinsam arbeiten und alle einzelnen Personen Inhalte einstellen können. Dadurch ist das keine hierarchische Kommunikation mehr - das heißt, es wird immer von der Bundesebene gesendet und die anderen empfangen und spielen dann zurück -, sondern so wird eine Querkommunikation möglich. Das bietet unglaublich viele Chancen, gemeinsam etwas zu tun.«

Ihre Erfahrungen zeigen das enorme Potenzial, das in der Umstellung von einer hierarchisch ausgelegten Kommunikation zu einer durch digitale Werkzeuge unterstützten und auf Kollaboration ausgerichteten Kommunikation liegt. Dazu sei gesagt, dass die youngcaritas grundsätzlich weniger hierarchisch und deutlich kollaborativer aufgestellt ist als klassische Caritasverbände. Dennoch ist der positive Effekt des digitalen Kollaborationstools deutlich spürbar. Allerdings sind auch Irene Bär und ihr Team auf Herausforderungen gestoßen. Sie berichtet im Interview dazu:

»Gleichzeitig muss man natürlich schauen, wie wir das deichseln können. Wir haben jetzt viel mehr Bälle gleichzeitig in der Luft. Wenn alle agieren können, muss man das irgendwann bündeln. Es haben nun viele Leute Projektideen, die sie in das Tool schreiben und über die andere dann diskutieren. Damit entsteht sofort die Erwartung, dass wir das machen werden. Wir sind gerade an einer Stelle, an der klar ist, dass wir nicht alles machen können. Also müssen wir anfangen, zu überlegen, wie wir das Ganze wieder gebändigt bekommen.«

Mit dieser Aussage wird die strukturelle und organisationale Komponente der im Kapitel 3, »Risiken und Nebenwirkungen digitaler Kommunikation für die Soziale Arbeit«, angesprochenen möglichen Informationsflut deutlich. In diesem berichtete ich bereits ausführlich über die individuellen Herausforderungen für Fachkräfte. Die Vielzahl der Beiträge und Ideen von Mitarbeitenden und die durch die aktive Kommunikation entstehende Informationsflut stellen aber auch für Einrichtungen und Organisationen eine Herausforderung dar. Um diese bewältigen zu können, ist die Erarbeitung klarer Regeln und Strukturen essenziell. In unserer Arbeit mit zahlreichen Teams haben sich dafür die folgenden fünf Fragen als zentral herauskristallisiert. Wenn Sie diese mit Ihrem Team beantworten, Ergebnisse schriftlich festhalten und dann wirklich umsetzen, können Sie die Herausforderung meistern.

1. *Wo sammeln wir welche Informationen?*
   Bei dieser Frage geht es darum, ein für Ihr Team und Ihre Organisation passendes System zu finden, um Konversationen und Informationen zu organisieren. Sie können in Tools wie Microsoft Teams Kanäle mit einem klaren Themenfokus anlegen. Beispielsweise finden im Kanal »Dienst- und Schichtplanung« nur Konversationen zu den Themen Arbeitszeiten, Dienst- und Schichtplanung statt.
2. *Welche Tools und Funktionen nutzen wir wofür?*
   Diese Frage fordert Sie und Ihr Team dazu auf, den Funktionsumfang ihrer Tools kennenzulernen und die relevanten auszuwählen. Wenn Sie klar definieren, wo beispielsweise Projektmanagement stattfindet und wo Aufgaben, Protokolle und Dokumente abgelegt werden, sparen Sie sich und Ihrem Team im Arbeitsalltag viel Zeit. Wichtig ist dabei: Notieren Sie schriftlich und für alle einsehbar, welche Aufgabe mit welchem Tool oder welcher Funktion erledigt wird. So können sich alle Kolleg*innen, auch neue, schnell orientieren.
3. *Wie schnell und wann reagieren wir wo?*
   Diese Frage ist vor allem für interne digitale Kommunikationskanäle wichtig. Welche Informationen werden per E-Mail verschickt und wie schnell sollten E-Mails beantwortet werden? Wie schnell sollte auf Nachrichten im Intranet oder Messenger reagiert werden? Und bis zu welcher Uhrzeit werden Antworten erwartet?

Die Fragen mögen banal klingen, aber klare Antworten schaffen Sicherheit für Mitarbeitende und Führungskräfte.

4. *Wie kommunizieren wir miteinander?*
   Mit dieser Frage sind bis zu einem gewissen Grad die Umgangsformen in der internen Kommunikation gemeint. Konkret gehören dazu Fragen wie: Sind bei internen E-Mails eine formelle Anrede und eine abschließende Grußformel nötig? Wie sieht das im Messenger oder Intranet aus? Nutzen wir in Messenger Reaktionen, also beispielsweise einen Daumen nach oben oder ein Herz als Antwort und, wenn ja, was bedeutet welche Reaktion? Nutzen wir Sprachnachrichten und, wenn ja, mit welchen Regeln?
5. *Wann und wie häufig reflektieren wir unsere Kommunikation?*
   Wenn Sie sich mit Ihrem Team an die interne Nutzung digitaler Kommunikationswerkzeuge machen, sollten Sie regelmäßige Teamreflexionen einplanen. Unserer Erfahrung nach ist zu Beginn einmal im Monat und im Laufe der Zeit einmal pro Quartal ein guter Rhythmus. Bitte schaffen Sie dafür keine zusätzlichen Termine, die mag wirklich niemand, sondern bringen Sie diese Reflexion in ohnehin stattfindenden Teambesprechungen als Agenda-Punkt unter. Nehmen Sie sich Zeit und prüfen Sie gemeinsam mit Ihrem Team, was bei der digitalen Kommunikation intern funktioniert, was Sie beibehalten und was Sie verändern wollen.

Auch wenn ich bei den Fragen einigen Tipps aus unserer Erfahrung gebe, sollten Sie sich wirklich die Zeit nehmen, diese Fragen intensiv mit Ihrem Team zu diskutieren und Ihre eigenen Antworten finden. Oft werden Sie Ansätze ausprobieren, Erfahrungen sammeln und dann anpassen müssen. Auch wenn das einen zusätzlichen Zeit- und Energieaufwand zu den ohnehin nötigen Schulungen bei der Einführung neuer Werkzeuge bedeutet, lohnt sich der Einsatz. Nur mit klaren, vom gesamten Team entwickelten Regeln kann interne digitale Kommunikation gelingen und eine echte Arbeitserleichterung darstellen.

Dieses Kapitel möchte ich mit einem Appell von Andrea Mayr, die zusammen mit Sabine Klinger das Projekt »digi@socialwork« durchführte, abschließen. Im Podcast zum Projekt (Müller, 2022) weist sie auf einen entscheidenden Punkt für erfolgreiche digitale Kommunikation in Organisationen der Sozialen Arbeit hin:

> »Noch ein Appell auf einer organisationalen Ebene: Digitales Arbeiten setzt auch entsprechende Ausstattung voraus. Dass die Fachkräfte jener Teil sind, die in der Umsetzung sind, die vielleicht Unterstützung brauchen, die Möglichkeiten brauchen, die Räume brauchen, die Zeit brauchen. Aber die auch eine adäquate Ausstattung brauchen. Das Ressourcenthema hatten wir schon zu Beginn. Es ist notwendig, dass ich Ausstattung habe, die mich auch darin unterstützt, das umzusetzen, was ich gerne umsetzen will. Oder die mir dabei hilft, Sachen zu erlernen, Kompetenzen zu erwerben, und die mich nicht daran hindert. Und die meine Zeit nicht auffrisst, weil der Rechner nicht hochfährt oder ich mich ärgern muss, noch bevor ich überhaupt einsteigen kann.«

Das klingt selbstverständlich, wird in der Praxis aber viel zu oft vergessen oder vernachlässigt. In der bereits erwähnten Pulsbefragung Digitasa (Matthies/Tetens/Wahren, 2021) beurteilten beispielsweise nur neun Prozent der Befragten die technische Ausstattung der eigenen Einrichtung als gut und lediglich dreißig Prozent als ausreichend bis mangelhaft. Bei den digitalen Kompetenzen in der eigenen Einrichtung vergaben nur vier Prozent ein »sehr gut«. Hier ist also noch viel Handlungsbedarf. Denn ohne die notwendigen Ressourcen können auch die motiviertesten und kompetentesten Fachkräfte digitale Werkzeuge nicht sinnvoll für die interne Kommunikation und Arbeit nutzen.

7 Digitale Kommunikation mit und für Klient*innen: rund um die Uhr verfügbar?

In Gesprächen mit Fachkräften der Sozialen Arbeit aus verschiedenen Arbeitsfeldern, unter anderem der Jugendhilfe, der Suchtberatung, der Schuldner*innenberatung, der Arbeit mit Menschen mit einer Behinderung, der Begleitung von Menschen mit psychischen Erkrankungen, der Schulsozialarbeit und anderen Bereichen, zeigt sich immer wieder, dass die Nutzung digitaler Kommunikationsmöglichkeiten für den direkten Kontakt und die Arbeit mit Klient*innen am kritischsten gesehen wird. Dieser anekdotische und erfahrungsbasierte Eindruck wird von den Ergebnissen der Pulsbefragung Digitasa (Matthies/Tetens/Wahren, 2021) gestützt. Dort heißt es:

> »Bei der Frage nach möglichen Risiken und Nachteilen der Digitalisierung für die Kommunikation mit den Adressat*innen zeigt sich ein heterogenes Bild. Knapp die Hälfte der Befragten sieht Risiken. Ein Drittel sieht eher keine bis gar keine Risiken. Hier zeigen sich erneut Unterschiede: Führungskräfte schätzen die Risiken im Vergleich zu Mitarbeitenden geringer ein. Hierzu passend äußern Befragte aus den Handlungsfeldern Management und Verwaltung im Vergleich zu Befragten mit direktem Kontakt zu Adressat*innen weniger Zweifel an den Chancen der Digitalisierung.«

Spannend finde ich vor allem, dass die Praktiker*innen digitalen Kommunikationsmöglichkeiten mit Klient*innen skeptischer gegenüberstehen als die Führungsebene. Doch auch dort gibt es kritische Stimmen. Eine von ihnen ist die bereits zitiert Ursel Wolfgramm, zum Zeitpunkt des Interviews 2020 Vorsitzende des Paritätischen Baden-Württemberg, die zu bedenken gibt:

> »Wir hatten ja im Hackathon [gemeint ist der CareHacktCorona-Hackathon (Paritätischer Baden-Württemberg, 2023); C. M.] auch ein Projekt, die sich genau damit beschäftigt haben: Wie kommen wir an Familien ran, wo wir vielleicht die Sorge haben, dass Kinder auch irgendwie Gewalt ausgesetzt sind? Also darüber müssen wir uns Gedanken machen, wie wir eben uns dann nicht nur auf das konzentrieren, was man digital machen kann, sondern: Wie können wir digitale Tools einsetzen, um genau die zu erreichen, die eigentlich eher so ein bisschen abgehängt sind?«

Ursel Wolfgramm weist damit auf die bereits früher im Buch angesprochenen Exklusionsrisiken hin, die durch einen zu starken oder exklusiven Fokus auf digitale Angebote entstehen können.

Neben diesen Exklusionsbedenken rührt die Skepsis, zumindest in den Rückmeldungen, die wir von Fachkräften erhalten, jedoch auch von einem anderen Aspekt her. Genauer gesagt ist es eine Frage, die sich viele Fachkräfte stellen: Welchen Nutzen bieten digitale Kommunikationsmöglichkeiten wirklich in der Arbeit mit Klient*innen?

Die klassischen Antworten, einige habe ich im vierten Kapitel unter »Niedrigschwelliger Zugang und barrierearme Angebote« bereits angeführt, nehmen meisten den erleichterten Zugang zu den Angeboten der Sozialen Arbeit und die verbesserte Ansprache der (potenziellen) Klient*innen in den Fokus. Das gilt auch für das bereits vorgestellte Digital Streetwork Projekt. Im Artikel der Süddeutschen Zeitung (Miethke, 2023) dazu heißt es:

> »Discord ist ein Chat-Onlinedienst, der ursprünglich hauptsächlich von Gamern genutzt wurde, inzwischen aber weltweit mehr als 250 Millionen aktive Nutzerinnen und Nutzer hat. Auf diesen Plattformen posten Sarah und Anna-Lena Inhalte, um junge Menschen zu erreichen, sie streamen Videos und beantworten Fragen, teils schreiben sie gezielt Personen an. Erkenntlich machen sie dabei immer, dass sie als Sozialarbeiterinnen arbeiten.
>
> Ihr Ziel: Ins Gespräch mit jungen Menschen kommen, die vielleicht ihre Hilfe benötigen. Als digitale Streetworkerinnen bieten sie ihre Beratung kostenlos und anonym an. Außerdem

unterliegen sie ähnlich wie auch Ärzte oder Rechtsanwälte der Schweigepflicht.«

Hier wird der Ansatz, die Kommunikationswege der Adressat*innen zu nutzen, klar in den Fokus gerückt. Das Digital Streetwork Team spricht im Artikel der Süddeutschen Zeitung jedoch auch eine der Herausforderungen an, die zwar nicht nur digitale Angebote der Sozialen Arbeit betrifft, dort jedoch besonders deutlich wird:

> »Schwierige Fälle, das sind beispielsweise solche, wenn ein junger Mensch anonym und per Chat berichtet, er sei akut suizidal. Plötzlich geht er offline. Was tun? ›Da stehst du da, weiß nicht, wer er ist, wo er ist und wer im Umfeld ist, den man informieren könnte‹, sagt Anna-Lena. Sarah fügt hinzu: ›Bei keinem meiner Klienten weiß ich, wie die Person aussieht, den Namen, das Alter, oder den Wohnort. Wenn man eine Nummer hätte, könnte man zur Polizei gehen und es melden, das müssen wir auch.‹ Fälle wie diese seien aber seltene Ausnahmesituationen, betont Sarah, nicht die Regel.«

Sicher, auch bei der anonymen Telefonberatung gibt es diese Problemstellung, doch Fachkräfte mit Erfahrung in der Onlineberatung und aus verschiedenen Arbeitsfeldern berichten mir übereinstimmend, dass solche Fälle sie in der anonymen Chat- und Onlineberatung mehr beschäftigen als im telefonischen Bereich. Eine Beraterin aus der anonymen Sozialberatung, ich nennen sie hier Jana (der Name wurde auf ihren Wunsch hin geändert), beschreibt das so:

> »Bei der Telefonberatung kann ich, wenn mein Klient Suizidgedanken äußert, direkt reagieren und bekomme meist eine Reaktion. Mir ist es bisher fast nie passiert, dass nach solchen Sätzen direkt aufgelegt wurde, ich konnte fast immer noch nachfragen, das Gespräch weiterführen und zur Reflexion anregen. Bei der anonymen Chatberatung ist es mir schon mehrfach passiert, dass nach so einer Nachricht einfach nichts mehr kam. Auch wenn ich nachfrage. Das geht mir dann schon nach und ich frage mich: Hätte ich da mehr tun oder es anders schreiben können?«

Trotz dieser auch belastendenden Erfahrungen würde Jana die digitalen Angebote jedoch nicht abschaffen wollen. Denn sie ist sich sicher, dass sie durch das anonyme Chat-Angebot auch Menschen erreicht, die andere Beratungsangebote nicht in Anspruch genommen hätten. Und in drei Fällen wurden aus anonymen Hilfesuchenden Klient*innen, die in einen dauerhaften Beratungsprozess eingestiegen sind. Insgesamt beurteilt Jana die digitalen Angebote in ihrer Einrichtung positiv, auch wenn sie sich mehr Supervision und Unterstützung bei der psychischen Verarbeitung mancher Fälle wünschen würde.

Digitale Kommunikationswege können jedoch auch neue Angebote und Arbeitsweisen mit Klient*innen ermöglichen. Sabine Klinger berichtet im Podcast zum digi@socialwork-Projekt (Müller, 2022) beispielsweise von einem Highlight, das ihr im Gedächtnis geblieben ist:

> »Ein schönes positives Beispiel ist auch das einer Berufscoachin. Diese hat Jugendliche begleitet und dann zum Abschluss einer Prüfung mit einem Jugendlichen online angestoßen. Das war außerhalb ihrer Arbeitszeit. Das finde ich cool, weil es außerhalb ihrer Arbeitszeit war. Sie wäre nie dahin gegangen um 20.00 Uhr. Sie hat zwei kleine Kinder zu Hause, hatte sie erzählt. Sie wäre deshalb nicht zu ihm gegangen und hätte nicht mit ihm feiern können. Sie haben das Online-Tool genutzt, haben sich online getroffen, haben auf den Erfolg angestoßen und konnten so gemeinsam feiern. Das ist natürlich ein hohes Engagement von dieser Fachkraft. Diese Möglichkeit zu nutzen, das ist ein schönes Erlebnis, ein schönes Beispiel.«

Dieses Praxisbeispiel verdeutlicht aus meiner Sicht sowohl das Potenzial als auch die Herausforderungen digitaler Kommunikation mit Klient*innen. Einerseits zeigt es, wie digitale Kommunikationswege in Verbindung mit Kreativität und Initiative von Fachkräften der Sozialen Arbeit zu neuen Angeboten führen können, von denen Fachkräften und Klient*innen profitieren. So können völlig neue Angebote entstehen, die bisher nicht denk- oder realisierbar waren. Ein wunderbarer Weg, die Erfahrung und Kreativität der Fachkräfte einzubinden und Angebote partizipativ, wenn das in Einrichtungen gewollt ist, weiterzuentwickeln. Andererseits wird an diesem Beispiel auch deutlich, dass digitale Kommunikation Grenzen verschwimmen lassen kann. Ich finde es beeindruckend, dass die hier angesprochene Fachkraft mit ihren jugendlichen Klient*innen digital gefeiert hat. Dass diese Feier jedoch nach ihrer eigentlichen Arbeitszeit und auf ihre eigene Initiative, genau genommen also als Privatvergnügen, stattgefunden hat, wirft zumindest die Frage auf, wie die durch digitale Kommunikation mögliche Flexibilität formal gehandhabt wird. Ich persönlich bin ein großer Fan flexibler Arbeitszeitmodell, die solche Angebote auch innerhalb der Arbeitszeit ermöglichen. Doch diese Flexibilität ist nicht in allen Organisationen und Einrichtungen möglich. Und nicht jede Fachkraft möchte nach Feierabend mit ihren Klient*innen in Kontakt treten. Das wird durch ein Praxisbeispiel natürlich nicht automatisch erwartet, doch Führungskräfte, Teams und Träger sollten sich frühzeitig mit den neuen, flexiblen Möglichkeiten befassen und Regelungen für den Umgang damit entwickeln.

Ein weiterer Faktor bei der Nutzung digitaler Kommunikation und digitaler Angebote für und mit Klient*innen ist der Zugang zum digitalen Raum. In unserer Arbeit erleben wir bei vielen Einrichtungen, dass Einstiegsangebote vor allem auf den technischen Zugang, also die Bereitstellung von Geräten und einem Internetzugang, ausgerichtet sind. Solche Angebote haben ihre Berechtigung, sind jedoch längst nicht mehr für alle Adressat*innen Gruppen relevant.

Ist der Zugang gesichert, werden häufig Workshops, Informationsveranstaltungen und Sprechstunden zu digitalen Themen angeboten. Auch diese können sinnvoll sein. Doch Matthias Schug hat mit seinen Kolleg*innen im AWO-Projekt DigiTeilhabe (Müller, 2023) andere Erfahrungen gesammelt. Im Podcast zum Projekt beschreibt er diese so:

> »Man kommt gerade in dem Themenfeld nicht mit irgendwelchen curricularen Angeboten weiter. Also zumindest, wenn wir marginalisierte Zielgruppen erreichen wollen, dann müssen das sehr niederschwellige und sehr individuelle Angebote sein. Beratung in Cafés, wo Menschen mit Problemen hingehen können, um

überhaupt erst mal Vertrauen aufzubauen, Lust zu bekommen, sich mit den Geräten auseinanderzusetzen, zu merken, das ist kein totales Hexenwerk.

Ich habe da eine gewisse Hoheit darüber, wenn ich zwei, drei Sachen weiß. Und dann kann man curriculare Angebote, Workshops, Schulungen hinterher schieben. Aber der Einstieg muss ein anderer sein, und das wird an vielerlei Stelle falsch gemacht, glaube ich. Also es gibt tolle VHS Angebote, zum Beispiel wo ich gehört habe aus dem Quartieren, ja super, aber viel zu ausführlich, viel zu lang, können sich Leute nicht leisten. Und das spricht dann sicherlich einige Zielgruppen an, aber eben gerade nicht die, für die ich jetzt unterwegs bin.«

In Workshops und Vorträgen formuliere ich das zugespitzt so: Der Zugang zum digitalen Raum ist mit viel menschlicher und analoger Vorarbeit verbunden. Ein banales, in der Praxis jedoch oft anzutreffendes Beispiel kann das verdeutlichen: Die Kolleg*innen des Caritasverbandes für die Stadt Münster e. V. haben sich entschieden, ihre Beratungsangebote über den DSGVO-konformen Messenger Wire, zu finden unter wire.com, anzubieten. Rüdiger Dreier beschreibt die Gründe für die Auswahl ausführlich auf der Website der neuen caritas (Dreier, 2019). Sein Fazit klingt im Artikel so:

> »Mit Wire ist es möglich, niederschwellig und trotzdem datenschutzsicher einen Dialog mit den Ratsuchenden zu pflegen, Termine zu vereinbaren und Absprachen zu treffen. Wire wird nicht gleich im gesamten Verband eingesetzt, sondern mit der Beratungsstelle für Eltern, Kinder und Jugendliche und den Sozialpädagogischen Familienhilfen gestartet.«

Heute, Anfang 2023, ist Wire bei der Caritas Münster in der Beratung etabliert. Der Weg dorthin führte jedoch über zahlreiche Gespräche mit Klient*innen, der gemeinsamen Installation der App in Beratungsgesprächen, Informationsmaterialien und Schulungsangebote. Anders formuliert: Die Etablierung des neuen digitalen Kommunikationskanals gelang durch gute Planung, hohes Engagement der Fachkräfte und viel direkte Arbeit und Kommunikation.

So sinnvoll und hilfreiche digitale Kommunikationsangebote für die Arbeit mit Klient*innen sind: Selbstläufer sind sie definitiv nicht.

Neben Messengern und Chat-Tools gibt es jedoch auch Systeme, die über die reine Kommunikation hinaus gehen. Dokumentationssysteme wie beispielsweise Vivendi sind im Pflegebereich inzwischen Standard, werden jedoch längst nicht immer mit den Kommunikationskanälen einer Einrichtung verknüpft. Manche Tools tun jedoch genau das. Aus unserer eigenen Arbeit möchte ich hier zwei Beispiele nennen. Bei beiden Tools kenne ich die Macher*innen dahinter persönlich, zu beiden besteht, zum Zeitpunkt, an dem dich diese Zeilen schreibe, jedoch keine Arbeitsbeziehung.

Das eine Tool ist iuvivo, zu finden unter iuvivo.de, das sich selbst als systemische App für Blended Counseling bezeichnet. In der App finden sich zwar eine Chat- und Video-Funktion, es ist jedoch auch ein Methodenkoffer integriert, der beispielsweise ein Emotionstagebuch oder die Ermittlung der individuellen Werte und Prioritäten umfasst. Zudem können auch Unterstützungspersonen aus dem Umfeld der Klient*innen, natürlich nur mit deren ausdrücklichem Einverständnis, in die Kommunikation und den Prozess eingebunden werden. iuvivo ist zwar noch recht am Anfang seiner Entwicklung, aktuell wird es in zwei Trägern eingesetzt, nutzt jedoch datenschutzkonforme technische Systeme, beispielsweise den Videodienst Jitsi für Videokonferenzen, und zeigt, dass digitale Werkzeuge nicht aus dem rein kommerziellen Bereich für die Soziale Arbeit entfremdet werden müssen, sondern auch gezielt für diese entwickelt werden können.

Einen etwas anderen Ansatz verfolgt die App Tagea, zu finden unter tremaze.de/features. Hier werden, unter anderem für Kitas und Einrichtungen der Jugendhilfe, interne und externe Kommunikation, Terminplanung und Dokumentation in einer App kombiniert. Die Kommunikation der Mitarbeitenden untereinander kann hier genauso stattfinden wie die Kommunikation mit Klient*innen und Eltern. Auch die Planung von Beiträgen für die Website oder Social-Media-Kanäle ist hier möglich.

Solche Systeme, die versuchen möglichst viele Funktionen in sich zu vereinen, werden aktuell vor allem für kleinere Einrichtungen interessant, die damit mehrere bisher verwendete Systeme ablösen und die Kommunikation vereinheitlichen und mit der Dokumentation verbinden können.

Digitale Kommunikation für Selbsthilfegruppen

Digitale Kommunikation mit und für Klient*innen beschreibt jedoch nicht nur die direkte Kommunikation zwischen Fachkräften und Klient*innen. Auch Selbsthilfegruppen, die entweder komplett autonom agieren oder von Fachkräften der Sozialen Arbeit begleitet werden, organisieren sich immer stärker im digitalen Raum. Oft nutzen sie dafür die Dienste großer Anbieter wie Microsoft oder Zoom, die entsprechenden Lizenzen für gemeinnützige Initiativen und Vereine kostenlos bereitstellen. Diese Dienste sind zwar einfach zu nutzen, erfüllen jedoch oft nicht die hohen Datenschutz- und Privatsphäreanforderungen, die Selbsthilfegruppen für die Diskussion sensibler Themen berechtigterweise einfordern.

Hier können auf Open Source basierende und auf deutschen Servern gehostete Dienste eine Lösung sein. Aus unserer Arbeit kennen wir vor allem das Angebot von unkonvention.de. Hier wird eine komplette digitale Arbeitsumgebung – von der Aufgabenverwaltung über die Dateiablage bis zu Chat und Videokonferenzen – mit Open Source Software umgesetzt und auf Wunsch konfiguriert. Hinter dem Angebot steht Marc Hasselbach, der selbst Sozialarbeiter mit Schwerpunkt im Bereich der Suchhilfe und digitale Soziale Arbeit ist. Auch ihn habe ich für dieses Buch interviewt, einige Zitate finden sich im nächsten Kapitel, und kenne ihn persönlich, es gibt jedoch keine Arbeitsbeziehungen oder Werbevereinbarungen. Sein Angebot nenne ich an dieser Stelle aus einem einfachen Grund: Beim Thema digitale Kommunikation greifen Einrichtungen und Fachkräfte der Sozialen Arbeit, vor allem wenn es um die Kommunikation mit Klient*innen oder Empfehlungen für Selbsthilfegruppen geht, zu schnell auf kommerzielle Angebote großer Unternehmen zurück. Diese Angebote sind technisch und funktional meist hervorragend, doch Datenschutz und Privatsphäre der Nutzer*innen lassen zu wünschen übrig.

Wenn Soziale Arbeit digitale Kommunikation verantwortungsvoll und professionell angehen und nutzen will, sollte die Auswahl der genutzten Dienste bewusst und reflektiert erfolgen. Vor allem die Frage der Datenhoheit und Datensicherheit, also wo die Daten gespeichert werden und wie gut sie vor Datenverlust und Angriffen geschützt sind, sollte dabei beachtet werden. Open Source Angebote können hier valide Alternativen darstellen, die auch den hohen Danteschutzanforderungen der DSGVO und der kirchlichen Datenschutzgesetzte gerecht werden. Sie sind nicht immer die beste Lösung, es gibt nicht das eine Tool, das immer und überall passt, doch sie sollten in der Diskussion um passende digitale Werkzeuge auf jeden Fall berücksichtigt werden.

8 Digitale Kommunikation in der Öffentlichkeitsarbeit: Für wen steht Soziale Arbeit ein?

Wenn es danach ginge, welches Thema mit digitaler Kommunikation am häufigsten assoziiert wird, müsste dieses Kapitel eigentlich am Anfang des Buches stehen. In allen Umfragen, die mein Team und ich bei Workshops, vor Vorträgen oder bei Fachtagungen als Stimmungsbild durchführen, werden Social Media und Öffentlichkeitsarbeit am häufigsten mit digitaler Kommunikation assoziiert. Diese Assoziation kommt, zumindest hören wir das auf Nachfrage von unseren Gesprächspartner*innen, vor allem dadurch zustande, das Social Media und in den letzten Jahren auch Messenger der Bereich der digitalen Kommunikation sind, der von den meisten Fachkräften in ihrem Arbeitsalltag und privat am meisten wahrgenommen wird und mit eigener Erfahrung verbunden ist.

Um das Thema strukturiert anzugehen, ist zunächst eine Definition der Öffentlichkeitsarbeit und ihrer Aufgaben sinnvoll. Die Bundeszentrale für politische Bildung (Bundeszentrale für politische Bildung, 2016) definiert den Begriff im Lexikon der Wirtschaft wie folgt:

> »Die Kommunikationsbeziehungen zwischen dem Unternehmen und der Öffentlichkeit bzw. alle Maßnahmen, die im Zuge dieser Aktivitäten zur kontinuierlichen Information über Einstellungen, Meinungen und Verhalten eingesetzt werden, um das Ansehen des Unternehmens in der Öffentlichkeit zu stärken und zu pflegen.«

Diese Aspekte sind für Einrichtungen, Träger und Verbände der Sozialen Arbeit natürlich auch relevant, hier geht die Bedeutung professioneller Öffentlichkeitsarbeit aber noch weiter. Es geht auch darum, Beziehungen mit der Öffentlichkeit aufzubauen und zu pflegen, das umfasst auch Beziehungen mit Menschen in politischen Ämtern und anderen Organisationen, um den Nährboden für sozialpolitische Kommunikationskampagnen zu schaffen. Dieser Aspekt ist für Verbände naturgemäß relevanter als für Einrichtungen der Sozialen Arbeit, doch auch diese melden sich immer häufiger in Diskussionen um die finanzielle Ausstattung des Sozialen Bereiches oder bei der Gestaltung der Arbeitsbedingungen, beispielsweise im Pflegebereich, öffentlich zu Wort. Außerdem schafft Öffentlichkeitsarbeit auch die Grundlage für die Positionierung und das öffentliche Ansehen einer Einrichtung. Dieses ist für die Gewinnung von Fachkräften, die in allen Arbeitsfeldern der Sozialen Arbeit aktuell rar sind, entscheidend.

Digitale Kommunikation erweitert das Wirkungsfeld der klassischen Öffentlichkeitsarbeit und eröffnet neue Kommunikationskanäle und -möglichkeiten. Dazu gehören auch die bekannten Social-Media-Netzwerke wie beispielsweise Facebook, Instagram, LinkedIn und YouTube, aber auch weniger bekannte Kanäle wie beispielsweise Mastodon. Da die Anzahl der Kanäle enorm ist, werde ich in diesem Kapitel keine Taktiken oder Tipps für einzelne Kanäle oder Netzwerke geben. Ein solcher Versuch kann erstens nur unvollständig sein und zweitens wären die meisten Tipps vermutlich schon kurz nach Drucklegung dieses Buches wieder veraltet. Wenn Sie sich für aktuelle Hinweise und Tipps rund um Social Media interessieren, diesen Eigenwerbeblock verzeihen Sie mir hoffentlich, verweise ich Sie gern auf unseren Blog unter sozial-pr.net/blog.

Statt also Social Media Netzwerke und Taktiken zu besprechen, die ohnehin nur für andere Kommunikationskolleg*innen interessant wären, konzentriere ich mich in diesem Kapitel auf die aus meiner Sicht essenziellen Prinzipien und die sinnvollen Einsatz- und Nutzungsmöglichkeiten digitaler Kommunikation in der Öffentlichkeitsarbeit und Außendarstellung. Die bereits zitierter Irene Bär, Leiterin der youngcaritas Deutschland, bringt im Interview für dieses Buch den zentralen Aspekt auf den Punkt:

»Wir haben gerade eine Parallelität von Plattformen und ich habe neulich gezählt: Wir betreuen elf Kanäle, mit Young Caritas in Europe und youngcaritas Deutschland. Das führt natürlich dazu, dass wir mit hohem Aufwand schauen müssen, dass wir uns nicht verzetteln – wir machen nicht alle gleich intensiv. Was hat man für Strategien? Ich glaube, es war eine Entwicklung, bei der es eher in die Breite ging. Bald ist der Zeitpunkt erreicht, an dem wir uns fokussieren und einen Teil der Kanäle rausschmeißen werden. Dann werden wir sagen: ›Okay, auf den Kanälen sind wir jetzt unterwegs.‹ Wohlwissend, dass das von kurzer Dauer sein wird und in einem halben Jahr oder Jahr wieder etwas Neues heraus kommt, bei dem es Sinn macht, zu schauen, ob wir dort Chancen haben und ob es passt.«

Es geht nicht darum, dass ist der erste und wichtigsten Grundsatz, über alle Kanäle aktiv und präsent zu sein. Entscheidend ist, die Netzwerke und Plattformen zu nutzen, auf denen einerseits die für die Ziele und Aufgaben relevanten Menschen erreicht werden und die andererseits mit den verfügbaren Mitteln sinnvoll genutzt werden können.

Nutzer*innenzentrierung und Nutzen sind gefragt: Was haben die Adressat*innen davon?

Eines der grundlegenden Prinzipien jeder guten Kommunikation ist die Nutzer*innenzentrierung. Wenn Kommunikation erfolgreich sein, also Menschen erreichen und zu Handlungen motivieren oder für Themen empfänglich machen soll, müssen diese Themen für die Adressat*innen relevant sein und auf eine Art und Weise kommuniziert werden, die sie ansprechen. Es geht also nicht in erster Linie darum, was eine Einrichtung oder ein Verband erreichen möchte. Leider ist ein großer Teil der digitalen Öffentlichkeitsarbeit und öffentlichen Kommunikation der Sozialen Arbeit noch sehr selbstbezogen. Marc Hasselbach, selbst Sozialarbeiter mit Fokus auf den Bereich der Suchthilfe und digitalen Soziale Arbeit, sagt dazu:

»Also ich sehe immer noch – also jetzt, wir haben jetzt 2020 aktuell –, dass diese zwei Bereiche scheinbar immer noch nicht zusammenpassen. Also ich sehe eine sehr schlechte digitale Kommunikation, um es so auf den Punkt zu bringen, von jeglicher sozialen Organisation. Ich sehe keine Nutzerorientierung. Ich sehe hauptsächlich nur Selbstdarstellung. Also, ich will da jetzt nicht sagen, dass die Leute selbstsüchtig sind oder egozentrisch, sondern das ist einfach das, was viele gelernt haben, sich so darzustellen in früheren Pressemitteilungen und so weiter. Ich merke, dass im Wesentlichen für die Soziale Arbeit kein wirkliches Konzept auch gedacht wird, was digital kommuniziert werden könnte sogar. Ich vermisse eigentlich alles.«

Das Interview für dieses Buch habe ich mit ihm Anfang 2020 geführt. Doch seitdem hat sich, zumindest meiner Wahrnehmung nach, wenig geändert.

Die öffentliche digitale Kommunikation, das gilt natürlich auch für die analoge Kommunikation, die ist jedoch nicht Thema dieses Buches, der Sozialen Arbeit muss sich auf die Themen und Bedarfe der Menschen einlassen, für die Einrichtungen, Soziale Dienstleistungen und Verbände da sein sollen. Im Gegensatz zu reinen Wirtschaftsunternehmen haben alle Einrichtungen der Sozialen Arbeit auch den Auftrag, für die Menschen einzutreten, die sie mit ihren Angeboten unterstützen. Sicher, Wohlfahrtsverbände müssen schon aufgrund ihrer Satzung und ihres Auftrags soziallobbyistisch aktiv werden, doch auch Einrichtungen aus den Bereichen der Beratung, Jugendarbeit, Suchthilfe und anderen Arbeitsfeldern können sich dem anwaltschaftlichen Auftrag, der sich aus dem Triplemandat der Sozialen Arbeit – dazu empfehle ich den Artikel auf socialnet.de (Lutz, 2020) – ergibt, verpflichtet fühlen. Denn es geht nicht nur darum, die Interessen der Klient*innen gesellschaftlich zu vertreten, sondern auch darum, gesellschaftliche und digitale Teilhabe sowie Partizipation im digitalen Raum zu ermöglichen. Wenn sich Soziale Arbeit wirklich als Menschrechtsprofession versteht, geht sie aus meiner Sicht damit auch die Verpflichtung ein, diese Rechte auch digital zu verteidigen und kommunikativ sichtbar zu machen.

Dabei geht es jedoch gar nicht unbedingt um große Kampagnen oder gezielte Lobbyaktivitäten. Der erste Schritt kann bereits darin bestehen, die eigene digitale Kommunikation und Öffentlichkeitsarbeit inklusiv und partizipativ zu gestalten. Clara Schmerstraeter ist zum Zeitpunkt des Interviews 25 Jahre alt und studiert heute Politik im Masterstudium. Sie ist schwerhörig und nimmt die Kommunikation von Wohlfahrtsverbänden und Einrichtungen der Sozialen Arbeit, deren Leistungen sie selbst auch als Klient*in kennt, sehr bewusst wahr. Im Interview für dieses Buch sagt sie Anfang 2021:

> »Bei der Öffentlichkeitsarbeit ist für mich tatsächlich auch das Thema, dass die Message manchmal ist: Dass Menschen mit Behinderung doch ganz toll sind und dass man nicht so viele Vorurteile haben sollte. Das sind ja auch total positive Botschaften. Aber ich glaube, da würde ich mir manchmal wünschen, dass man eine Latte drauflegt, also dass man nicht bei dem Niveau stehenbleibt, […] sondern dass man mehr praktische Beispiele zeigt und die auch nicht so sehr als Ausnahme sieht, sondern dass man sie mehr als Selbstverständlichkeit begreift. Also dass es nicht nur eine Imagekampagne ist, sondern dass man einfach nicht ganz so viel Lärm darum macht, sondern sehr klar zeigt: Das gehört bei uns dazu und so leben wir das.«

Was Carla Schmerstraeter hier beschreibt, ist ein Muster, das bei vielen Kommunikationsaktivitäten der Sozialen Arbeit zu sehen ist. Ich greife hier bewusst keine Kampagnen heraus, Negativbeispiele finde ich problematisch, doch viel zu häufig werden Menschen mit einer Behinderung als besondere Beispiele hervorgehoben oder bürokratische Sprache unreflektiert übernommen und damit verbundene Sprachbilder verstärkt. Ein Beispiel ist der sogenannte Nachteilsausgleich (Deutsches Studierendenwerk, o. J.), den Studierende mit einer Behinderung oder chronischen Erkrankung beantragen können. Der Ansatz ist nachvollziehbar: Um den durch eine Behinderung oder chronische Erkrankung auftretenden organisatorischen finanziellen Mehraufwand auszugleichen, können Studierende Unterstützung durch den Nachteilsausgleich erhalten. Zu Beginn jedes neuen Studienjahres weisen zahlreichen Beiträge, viele davon auch von Verbänden und Organisationen der Sozialen Arbeit, auf diese Möglichkeit hin. Die Intention ist sicherlich positiv und die Beiträge sind gut gemeint. Doch die unreflektierte Verwendung des Begriffs »Nachteilsausgleich« ist aus meiner Sicht problematisch. Um diese Sichtweise zu erläutern, beleuchte ich den Begriff im Folgenden so, wie ich es mir auch in der öffentlichen digitalen Kommunikation der Sozialen Arbeit wünschen würde.

Warum heißt es »Nachteilsausgleich«? Im Kern doch nur deshalb, weil Menschen mit einer Behinderung oder chronischen Erkrankung Nachteile haben, da die Strukturen der Hochschulen und Universitäten nicht barrierefrei und inklusiv ausgelegt sind und bei der baulichen und organisatorischen Konzeption nur auf die Bedürfnisse der Mehrheitsgesellschaft Rücksicht genommen wurde und – immer noch zu oft – wird. Es ist aus Sicht einer nutzer*innenzentrierten Kommunikation sinnvoll, Unterstützungsmöglichkeiten wie den Nachteilsausgleich zu kommunizieren. Doch diese Kommunikation sollte immer auch als Gelegenheit genutzt werden, auf die systemischen und strukturellen Probleme, Hürden und tief verankerten Vorurteile und Bewertungen hinzuweisen, die in vielen Formulierungen deutlich werden. Einrichtungen und Verbänden der Sozialen Arbeit kommt hier eine besondere Verantwortung zu.

Eine Möglichkeit, solche sprachlichen Muster zu erkennen und auch digitale sichtbar zu machen, ist die aktive Einbindung und partizipative Gestaltung der Kommunikation. Dazu gehört jedoch, dass Einrichtungen und Verbände der Sozialen Arbeit weniger über, sondern mehr Klient*innen und Adressat*innen sprechen und sie aktiv als Partner*innen und Expert*innen in eigener Sache einbinden. Matthias Schug, Projektleiter beim AWO-Projekt DigiTeilhabe weist im Podcast zum Projekt (Müller, 2023) darauf hin, wie wichtig die frühzeitige Beteiligung der Adressat*innen ist:

> »Zielgruppeneinbindung ist wahnsinnig wertvoll. Und das sollte man nicht erst machen, wenn die Webseite steht, sondern wirklich schon mit dem ersten Konzept, damit man nicht hinterher alles wieder umwirft. Wir haben das jedes Mal, wenn so ein Meilenstein da war, getan. Wir haben ja bei uns aktive Projektteams aus Menschen mit Behinderung, mit Arbeitserfahrung.«

So lobenswert und positiv ich das Vorgehen im Projekt DigiTeilhabe finde: Die Tatsache, dass ich es hier als positives Beispiel und damit eine Ausnahme von der Regel nennen kann, sagt viel über den aktuellen Zustand der Beteiligung und aktiven Einbindung von Adressat*innen der Sozialen Arbeit in die Kommunikation aus.

Gerade die digitale Kommunikation bietet hier enormes Potenzial. Auf verschiedenen Social-Media-Plattformen sind Menschen mit einer Behinderung oder aus der LGBTQIA+-Community aktiv und berichten von ihren Erfahrungen. Manche von ihnen haben mit ihrer Kommunikation ein großes Publikum und entsprechende Reichweite aufgebaut. Einige Beispiele für Influencer*innen in eigener Sache, wie ich sie hier nenne, sind Raúl Krauthausen (Aguayo-Krauthausen, o. J.), Daniela Schubert (Schubert, o. J.) und Casey Kreer (Kreer, 2023). Diese und andere Expert*innen und Influencer*innen in eigener Sache verfügen nicht nur über Sichtbarkeit und Reichweite, sondern auch über Erfahrung und Expertise, die für die Kommunikation der Sozialen Arbeit extrem wertvoll wäre. In der digitalen Kommunikation könnte dies durch koordinierte Kampagnen, Kooperationen, gemeinsam erstellte Beiträge oder gegenseitige Erwähnung und Verlinkung problemlos genutzt werden, um wichtige Bedarfe und Forderungen der Sozialen Arbeit sichtbar zu machen. Seien es kollaborative Instagram Reels, also Videobeiträge, die temporäre Übernahme von Kanälen oder gemeinsam verfasste Blogbeiträge oder zusammen aufgenommene Podcasts, also Audiobeiträge: Die Liste der möglichen digitalen Kommunikationsformate ist lang.

All diese Ansätze würden jedoch voraussetzen, dass sich der grundlegende Kommunikationsansatz der Sozialen Arbeit von einer einrichtungs- und verbandszentrierten Kommunikation hin zu einer adressat*innenzentrierten und communityorientierten Kommunikation ändert. Diese Veränderung bringt eine nötige Haltungs- und Rollenänderung mit sich. Einrichtungen und Verbände müssten sich von der Haltung lösen, dass sie bereits genau wissen, was Adressat*innen brauchen. Statt die Rolle von Kommunikator*innen einzunehmen, die ihre fertigen Botschaften und selbst gesetzten Themen kommunizieren, müssten sie den Schritt hin zu einer Haltung der Partizipation gehen. Diese Haltung würde bedeuten, dass die von Einrichtungen und Verbänden erkannten Bedarfe durch das Wissen, die Erfahrungen und Bedürfnisse der Adressat*innen ergänzt, hinterfragt und reflektiert werden. Die kommunizierten Botschaften und Themen würden gemeinsam mit Adressat*innen entwickelt und verbreitet. Die Rolle der Einrichtungen und Verbände würde sich von kampagnen- und agendaorientierten Kommunikator*innen zu Ermöglicher*innen und kollaborativen Kommunikator*innen wandeln, die den Menschen, deren Bedürfnisse und Themen sie kommunizieren, eine Bühne und Sichtbarkeit bieten.

Bei den Angeboten der Sozialen Arbeit findet dieser Haltungswechsel teilweise bereits statt. Als Beispiel seien hier die PIKSL-Labore genannt (In der Gemeinde leben gGmbH, o. J.), in denen Menschen mit Behinderung als Expert*innen in Projekten mit Unternehmen und Organisationen arbeiten und diese beispielsweise in Fragen der Barrierefreiheit unterstützen. Doch in der digitalen Kommunikation der Sozialen Arbeit ist dieser partizipative Ansatz leider kaum zu sehen.

Digitale Kommunikationsformate und -konzepte für die Soziale Arbeit

Auch wenn ich, wie bereits erwähnt, nicht auf jede Social-Media-Plattform oder einzelne Netzwerke eingehen werde, gibt es doch einige Kommunikationsansätze und -konzepte, die für die digitale Kommunikation der Sozialen Arbeit besonders relevant sind. Dazu gehört für mich auf jeden Fall die community-orientierte Kommunikation und aktives Community Management. Mit Community Management meine ich die Bereitschaft, und die nötigen Ressourcen (!), digitale Kommunikation, vor allem in den sozialen Medien, nicht als Einbahnstraße zu betreiben, sondern auf Kommentare und Nachrichten zu reagieren und aktiv den Austausch mit den Menschen zu suchen. Das kann auch bedeuten, die Reichweite bereits bestehender Communities, wie beispielsweise relevanter Facebook-Gruppen, gezielt zu nutzen.

Wenn eine Einrichtung im Bereich der Suchtberatung beispielsweise neue Informationsangebote bekannt machen möchte, kann sie diese natürlich auf ihrer Facebook-Seite veröffentlichen. Die Reaktionen und die Reichweite dieses Beitrags dürften jedoch sehr begrenzt sein, was unter anderem an dem Algorithmus von Facebook und der Masse an Inhalten auf dieser Plattform liegt. Teilt die Einrichtung diesen Beitrag jedoch gezielt in einer lokale Facebook-Gruppe, in der beispielsweise 2.400 Menschen aus der Region der Beratungseinrichtung aktiv sind, wächst die Chance, dass Menschen das Informationsangebot sehen, die den entsprechenden Bedarf haben und für die das Thema relevant ist.

Das Beispiel der Suchtberatung habe ich bewusst gewählt, denn bei solchen sensiblen und leider immer noch stigmatisierten Themen werden die öffentlichen Reaktionen, also Likes und öffentliche Kommentare, auf den Beitrag gering ausfallen. Kaum jemand will sich aktiv mit dem Thema Sucht assoziieren oder auch nur den Anschein erwecken, er oder sie hätte Bedarf an einer Suchtberatung. Doch wenn das Informationsangebot für Menschen relevant ist, kann es sein, dass diese mit Privatnachrichten an die Facebook-Seite der Einrichtung Kontakt aufnehmen und Fragen stellen oder das Angebot in Anspruch nehmen und beispielsweise zu einem Präsenztermin erscheinen. Sollten Nachrichten eingehen oder Kommentare verfasst werden, müssen die Kommunikator*innen der Suchtberatungseinrichtung zeitnah auf diese reagieren und die direkte Kommunikation aufnehmen.

Das Beispiel der Facebook-Gruppe habe ich hier auch gewählt, weil sich daran die Voraussetzungen für eine community-orientierte Kommunikation deutlich machen lassen. Zwei Werte sind hier essenziell: Höflichkeit und Nutzer*innenzentrierung. Damit eine Facebook-Seite in einer Facebook-Gruppe Beiträge veröffentlichen kann, sollten die Kommunikator*innen der Einrichtung zuerst Kontakt mit den Administrator*innen der Facebook-Gruppe aufnehmen und sich die Gruppenregeln genau durchlesen. Nicht alle Gruppen lassen Seiten zu. Sprechen die Gruppenregeln jedoch nicht gegen einen Beitritt, sollte in einer privaten Nachricht an den oder die Administrator*in der Gruppe klar kommuniziert werden, mit welcher Intention die Einrichtung mit ihrer Facebook-Seite der Gruppe beitreten und welche Informationen sie dort veröffentlichen möchte. Transparenz und ein respektvoller Umgang mit den Mitgliedern der Community sind hier unverzichtbar. Erst wenn der oder die Administrator*in zustimmt, kann die Facebook-Gruppe genutzt werden, um die Angebote der Einrichtung bekannt zu machen.

Auch wenn sich das nach einiger Vorbereitungsarbeit anhört, was auch stimmt, lohnt sich ein solcher Kommunikationsansatz. Dafür gibt es mindestens drei hervorragende Gründe:

1. Der Aufbau eigener Reichweite ist, vor allem wenn bezahlte Werbeformate auf den Social-Media-Plattformen nur mit geringem Budget oder gar nicht genutzt werden können, zeitraubend und arbeitsintensiv. Bestehende Communities haben die entsprechende Reichweite dagegen bereits aufgebaut.
2. Bei der digitalen Kommunikation der Sozialen Arbeit geht es längst nicht immer um größtmögliche Reichweite. Oft sind lokale oder qualitative Reichweite, also das Erreichen einer bestimmten Adressat*innengruppe, relevanter für die Ziele der Kommunikation. Diese spezifische Reichweite ist in bestehenden Communities deutlich einfacher zu erzielen als nur auf eigenen Onlinepräsenzen.
3. Es gibt Kommunikationskanäle und Communities, beispielsweise WhatsApp-Gruppen, die Einrichtungen der Sozialen Arbeit aus Datenschutzgründen oder mangelnden Ressourcen nicht direkt nutzen können. Mit in bestehenden Communities aufgebauten Beziehungen können die Community-Mitglieder die Inhalte der Einrichtungen in solche geschlossenen Kommunikationskanäle hineintragen. Das findet jedoch nur statt, wenn eine vertrauensvolle Beziehungsbasis aufgebaut wird und die Inhalte für die Adressat*innen und deren Netzwerke und Kontakte relevant und nützlich sind.

Gerade Messenger-Gruppen, solche geschlossenen Social-Media-Kommunikationskanäle werden auch als Dark Social bezeichnet, können für die lokale Reichweite und Ansprache von sonst schwer zu erreichenden Adressat*innengruppen vom großem Nutzen sein. Im oben genannten Beispiel der Suchthilfe ist die Hemmschwelle, solche Informationen in geschützten und nicht-öffentlichen Kanälen zu teilen, deutlich geringer als dies öffentlich zu tun.

Der Zugang zu Dark-Social-Kanälen gelingt jedoch nur über eine Gruppe aktiver Unterstützer*innen, mein Team und ich nennen sie in unserer Arbeit »das informelle Redaktionsteam«, die gezielt von der Einrichtung oder den Fachkräften mit relevanten Informationen, idealerweise in einem Format, das sich leicht teilen lässt, versorgt werden. Es kann daher sinnvoll sein, Bilder, Videos und Texte zu produzieren, die nur gezielt an Unterstützer*innen verteilt werden, in der Hoffnung, dass diese die Informationen dann zu den richtigen Menschen weitertragen.

Der Ansatz des informellen Redaktionsteams setzt jedoch, Sie ahnen es vielleicht schon, eine Haltungsänderung voraus. Die digitale Kommunikation und Öffentlichkeitsarbeit der meisten Einrichtungen und Verbände der Sozialen Arbeit ist stark reglementiert und formell gestaltet. Die Organisationen wollen so die Kontrolle über ihre Kommunikation und ihre öffentliche Wahrnehmung behalten und Shitstorms oder Kritik vermeiden. Diese Haltung ist jedoch überholt, denn Kontrolle ist in Zeiten von Social Media eine Illusion. Früher galt der Satz, dass das Image einer Organisation ist, was diese Organisation über sich sagt und kommuniziert. Doch heute besteht das Image einer Organisation aus der Kommunikation der Menschen und Medien über diese Organisation. Die weite Verbreitung von Social Media hat die traditionellen Gatekeeper, als die Organisationen, die den medialen Diskurs prägen können, wie beispielsweise Zeitungen, Rundfunk und Fernsehen, und ihren Einfluss geschwächt.

Die Rolle der Gatekeeper ist jedoch nicht verschwunden, sondern wurde lediglich auf die Social-Media-Plattformen und die Unternehmen, die diese betreiben, transferiert. Heute gilt daher: Einrichtungen und Verbände der Sozialen Arbeit können ihr Image und ihre Reputation nicht kontrollieren. Sie haben die Möglichkeit, es durch aktive digitale Kommunikation und Öffentlichkeitsarbeit mitzugestalten, wirklich bestimmen oder kontrollieren, wie sie wahrgenommen werden, können sie jedoch nicht. Kontrolle ist in der Kommunikation daher eine Illusion.

Was den oft gefürchteten Shitstorm angeht: Die Zahl der echten Kommunikationskrisen, die spürbaren wirtschaftlichen Schaden anrichten, ist gering. Wirklich fundierte Zahlen gibt es dazu nicht, die verschiedenen Schätzungen gehen jedoch davon aus, dass nur drei bis fünf Prozent aller deutschen Unternehmen, der Wirtschaft und Sozialwirtschaft, einen Shitstorm erleben, der diesen Namen auch verdient. In unserer eigenen Arbeit können wir das bestätigen. Sicher gibt es immer mal wieder Kritik, mehr oder wenig berechtigt – je nach Anlass und Thema –, doch echte Kommunikationskrisen, die den Kern einer sozialen Organisation berühren, sind selten und meist absehbar. Auch hier gilt: Die Angst davor, dass sofort der Shitstorm über eine Organisation hereinbricht, wenn sie die gefühlte Kontrolle über ihre Kommunikation abgibt, ist unnötig.

All das bringt mich zu der oben angesprochenen nötigen Haltungsänderung, um mit informellen Redaktionsteams zu arbeiten. Ein informelles Redaktionsteam besteht im Grunde nur aus Unterstützer*innen oder Menschen, die der Arbeit der Einrichtung positiv gegenüberstehen und bereit sind, die Themen über ihre Kommunikationskanäle zu verbreiten. Damit eine solche Unterstützer*innengruppe die Kommunikation nachhaltig unterstützt, ist ein Grundsatz entscheidend: Es darf keine Vorgaben geben. Die Einrichtung oder der Verband der Sozialen Arbeit, der dieses informelle Redaktionsteam aufbauen und nutzen will, versorgt die Gruppe der Unterstützer*innen mit Inhalten und Informationen, gibt ihnen jedoch nicht vor, was sie mit diesen Informationen tun sollen. Das informelle Redaktionsteam funktioniert dann am besten, wenn Organisationen und Kommunikator*innen der Sozialen Arbeit den Menschen dieser Gruppe vertrauen. Dieses Lösen von der gefühlten Kontrolle ist nicht ganz einfach, jedoch nötig. Soziale Arbeit wird sich nur dauerhaft Gehör verschaffen, wenn sie Menschen für ihre Themen aktivieren und begeistern kann. Diese Menschen einzubinden ist dabei ein wichtiger Schritt.

Vertrauen in Menschen bringt mich auch zum letzten Grundsatz dieses Kapitels. Egal auf welcher Plattform, egal ob in Video, Audio, Bild oder Text: Einrichtungen und Träger der Sozialen Arbeit sollten den Menschen, die sie ausmachen, mehr Raum in ihrer Kommunikation geben. Das kann bedeuten, Fachkräften, Ehrenamtlichen oder Klient*innen Raum für persönliche Erfahrungsberichte zu bieten oder sie zu interviewen. Das kann jedoch auch bedeuten, Ideen für neue Kommunikationsformate, sei es ein Podcast, eine Videoserie oder ein Messenger-Tagebuch, auszuprobieren und einige Zeit lang zu testen.

In unserer Arbeit erleben wir immer wieder, dass Fachkräfte, ehrenamtlich Engagierte und Klient*innen der Sozialen Arbeit kreative Ideen für neue Kommunikationsformate haben und wichtigen Themen mit der entsprechenden Unterstützung Gehör und Sichtbarkeit verleihen könnten. Leider bleibt es in vielen Fällen bei der Idee, weil Organisationsstrukturen, Vorgaben und Hierarchien die kreativen Ansätze nicht zur Testphase gelangen lassen. Häufig bremst hier auch die Angst vor Fehlern und damit verbundenen Shitstorms. Doch wie bereits geschrieben: Shitstorms sind selten und Fehler sind, solange sie transparent und offen adressiert werden, in den meisten Fällen kein Problem. Daher schließe ich dieses Kapitel mit einem Appell von Marc Hasselbach, dem bereits zitierten Sozialarbeiter mit Fokus auf Suchthilfe und digitale Soziale Arbeit. Er sagt im Interview für dieses Buch:

> »Was ich mitgeben möchte, ist, dass die Menschen bei Content-Produktion, oder egal, bei digitaler Kommunikation den Mut haben, Fehler zu machen. Also vielleicht eben erst mal Zoom zu nehmen und dann nachher nachsteuern zu müssen. Und dass sie an sich in dieser ganzen digitalen Kommunikation den Mut haben, authentisch zu sein. Das ist heutzutage schwierig. Man fühlt sich ja angreifbar von irgendwelchen komischen Strömungen immer wieder. Ja und da sozialarbeiterisch authentisch sein, ich glaube, das ist angezeigt heutzutage. Und nicht formal sozialarbeiterisch, sondern authentisch, als Person, als Frau oder Mann, sich da …Das wäre ein Appell: Mehr, ich glaube, Mut und Mut, Fehler zu machen, ist, glaube ich, schon sehr wichtig.«

9 Trends der digitalen Kommunikation: Was wird für die Soziale Arbeit wichtig?

Der Blick in die sprichwörtliche Kristallkugel ist immer ein wenig riskant und fühlt sich für mich seltsam an. Deshalb wage ich ihn auch nicht. Wenn Sie also auf futuristische Prognosen und Zukunftsszenarien vollautomatisierter Beratungsstellen hoffen, muss ich Sie schon jetzt enttäuschen: So weit schaut dieses Kapitel nicht in die Zukunft. Stattdessen konzentriere ich mich auf Trends, die bereits heute in der einen oder anderen Form existieren, sich in den nächsten Jahren jedoch weiterentwickeln und an Bedeutung gewinnen werden. Insgesamt sind es sieben Trends, die mehr oder weniger direkt mit digitaler Kommunikation zu tun haben und die Fachkräfte, Einrichtungen und Verbände der Sozialen Arbeit auf dem Schirm haben sollten.

KI-Sprachtools und Chatbots à la ChatGPT

Zum Zeitpunkt, an dem ich diese Zeilen schreibe, ist der US-amerikanische Dienst ChatGPT gerade *das* Thema in den meisten Medien. Die einen preisen den Dienst und die dahinterstehende KI als die Revolution seit Erfindung des Feuers an – ich übertreibe leider nicht, solche Sätze habe ich wirklich gelesen –, andere kritisieren den Dienst wegen mangelnden Datenschutzes und sehen tausende Arbeitsplätze verschwinden. Meine Einschätzung: Werkzeuge und Dienste, bei denen KI, also künstliche Intelligenz, zum Einsatz kommt, werden nach und nach in immer mehr Lebens- und Arbeitsbereiche Einzug halten. Ob es ChatGPT als konkreter Dienst sein wird oder andere Anbieter, wage ich nicht vorherzusagen. Klar ist nur: Hinter ChatGPT steht keine künstliche Intelligenz, die selbstständig denkt, sondern ein sogenanntes LLM, ein Large Language

Modell, grob übersetzt ein großes Sprachmodell. ChatGPT und ähnliche Dienste sind gut darin, die in ihren Trainingsdaten erlernten Texte neu zusammenzusetzen und so Sprachverständnis zu simulieren. Mehr aber auch nicht. Zumindest aktuell.

Dennoch haben diese Werkzeuge großes Potenzial für die Soziale Arbeit. Wenn gut trainierte KI-Chatbots Berater*innen bei der Formulierung wichtiger Texte unterstützten oder aus handschriftlichen Notizen Protokolle oder Berichte generieren können, spart das Zeit. In naher Zukunft werden solche Tools menschliche Beratung jedoch nicht ersetzen.

KI-Entwicklung und breiter Einsatz

Der zweite Trend klingt fast wie der erste, ist jedoch eine völlig andere Entwicklung. Hier geht es mir nicht um Sprachmodelle oder Chatbots, sondern um die kommende Weiterentwicklung von KI-Modellen, die mehr als nur Sprache beherrschen und beispielsweise für die automatische Kategorisierung von Bewerbungen, Anträgen oder anderen Datensätzen genutzt werden können. Solche KI-Werkzeuge werden meiner Meinung nach in den nächsten Jahren, in Verbindung mit KI-Sprachmodellen, in der Lage sein, menschliche Interaktion digital überzeugend zu simulieren und auch mit menschlich klingenden Stimmen auf Fragen zu antworten. Solche Werkzeuge können die Analyse von Daten, die Beantwortung einfacher Fragen und andere repetitive oder unkreative Aufgaben erleichtern oder übernehmen.

Entscheidend ist aus meiner Sicht, dass die Soziale Arbeit, ihre Fachkräfte und Verbände diese Entwicklung eng begleiten sowie auf Exklusionsrisiken und soziale Konsequenzen hinweisen. Dazu braucht es auch technische Expertise und Kooperationen. Denn die Tatsache, dass wir technisch in der Lage sein werden, menschliche Interaktion in manchen Situationen durch KI zu simulieren, bedeutet nicht, dass das fachlich oder gesellschaftlich auch wünschenswert ist. Die zentrale Frage ist aus meiner Sicht: In welchen Bereichen verzichtet Soziale Arbeit aktiv auf den KI-Einsatz und welche Arbeiten bleiben bewusst Menschen vorbehalten?

Zunehmende Überwachungstendenzen

Wer bei dieser Zwischenüberschrift an den Meta-Konzern, zu dem Facebook, Instagram und WhatsApp gehören, oder das chinesische Unternehmen TikTok denkt, liegt damit falsch. Hier beziehe ich mich explizit auf staatliche Überwachung. Die Entwicklung hin zu mehr digitaler Beobachtung und anlassloser Datensammlung ist auch in Deutschland zu beobachten. Seien es die Bestrebungen zur Chatkontrolle oder die Entwicklungen hin zur Speicherung biometrischer Daten – beim neuen Personalausweis sind Fingerabdrücke bereits Pflicht –, zahlreiche Entwicklungen zeigen: Die Tendenz geht zur digitalen Beobachtung oder Überwachung der Bürger*innen.

Das Standardargument, wer nichts zu verbergen hat, müsse sich darum auch keine Gedanken machen, ist zu kurz gedacht. Kombiniert mit dem bereits beschriebenen wachsenden KI-Einsatz können gespeicherte Daten künftig automatisiert abgeglichen und verknüpft werden. Wenn ein solches automatisches System dann beispielsweise Menschen mit Migrationshintergrund grundsätzlich negativer einschätzt als Menschen ohne Migrationshintergrund, was in den USA bereits bei KI-Tools zur Gesichtserkennung (Najibi, 2020) vorkam, können die gesammelten Daten schnell zu einem Problem werden und Vorurteile zementieren.

Aushöhlung verschlüsselter Kommunikation

Der vierte Trend ist eng mit dem dritten verbunden. Im Rahmen der verstärkten Datensammelbestrebungen wird regelmäßig nach sogenannten Hintertüren in verschlüsselten Messengern und Kommunikationssystemen verlangt. Bei diesen Hintertüren handelt es sich um gezielt eingebaute Zugangspunkte, die es Ermittlungsbehörden ermöglichen sollen, auch verschlüsselte Kommunikation mitzulesen und zu überwachen. Solche Mittel sollen, so die Befürworter*innen der Ansätze, nur nach richterlichem Beschluss und bei Verdacht auf kriminelle Aktivitäten zum Einsatz kommen.

Das mag vertrauenserweckend klingen, hat jedoch einen massiven Haken: Solche bewusst eingebauten Hintertüren können natürlich auch von anderen Akteur*innen mit weniger positiven Absichten gefunden und genutzt werden. Davon abgesehen untergraben solche Zugangsmöglichkeiten die Verschlüsselung und damit den Schutz der Kommunikation, die beispielsweise der verschlüsselte Messenger Signal seinen Nutzer*innen bietet. Genau dieser Schutz ist es, der Signal, Wire, Threema und andere Messenger zu beliebten Kommunikationswegen der Sozialen Arbeit für den Austausch mit den Klient*innen macht. Sollte diese Verschlüsselung ausgehöhlt oder geschwächt werden, wären offene Konversationen mit Klient*innen in manchen Arbeitsfeldern digital vielleicht nicht mehr möglich.

Zunehmende Diversifizierung der digitalen Kommunikations- und Social-Media-Landschaft

Um nicht nur negative Entwicklungen zu beleuchten, ist Trend Nummer fünf aus meiner Sicht und zur Abwechslung mit vielen Chancen und positivem Potenzial für die Soziale Arbeit verbunden. Etablierte Social-Media-Plattformen wie beispielsweise X, ehemals Twitter, werden in den kommenden Jahren an Bedeutung verlieren. Der Grund wird aus meiner Sicht nicht zwingend ein exzentrischer Käufer wie Elon Musk sein, sondern die überbordende Werbung. Schon heute zeigen sich erste Ermüdungserscheinungen bei Social-Media-Nutzer*innen, die sich vor zu viel Werbung in Messenger und Gruppen zurückziehen.

Das bedeutet nicht, dass Facebook, X oder TikTok verschwinden werden. Doch es wird mehr spezialisierte Netzwerke und Plattformen mit Themenschwerpunkten oder für bestimmte Interessengruppen geben. Diese neuen Plattformen werden nicht unbedingt an die Größe der heutigen Social-Media-Oligopole heranreichen, doch sie werden aktive Communities in sich vereinen. Ein erstes Beispiel dafür können Sie schon heute auf der Plattform Mastodon erleben. Dabei handelt es sich – aus meiner Sicht – nicht um eine Twitter-Alternative, auch wenn das gern behauptet wird, sondern um ein Netzwerk, das dem ursprünglichen Social-Media-Gedanken sehr nahekommt: Eine Kommunikationsplattform, die es Menschen ermöglicht, mit anderen Menschen zu sprechen und neue Kontakte zu finden. Ganz ohne Algorithmen oder Werbung. Klingt altmodisch, hat aber vielleicht genau deshalb einen gewissen Reiz. Wichtig: Mastodon hat heute längst nicht die Nutzer*innenzahl oder Reichweite wie X/Twitter oder gar Facebook und wird diese Größe vielleicht auch nie erreichen. Doch das muss auch gar nicht sein.

Ich gehe davon aus, dass digitale Kommunikation für die Soziale Arbeit in den nächsten Jahren einen stärkeren Fokus auf relevante Communitys, verteilt über verschiedene, teilweise heute noch nicht existierende, Plattformen, haben wird. Wenn Sie sich von Mastodon ein Bild machen wollen: Sie finden mich unter nrw.social@sozialpr. Ich freue mich auf die Vernetzung und den Austausch dort.

Wachsende Messenger-Nutzung und Rückzug in geschützte Kommunikationskanäle

Die bereits heute stark wachsende Messenger-Nutzung wird sich, meiner Meinung nach, in den nächsten Jahren noch verstärken. Damit verbunden wird sich auch der Rückzug in die bereits genannten Communities und geschützte Kommunikationsräume fortsetzen.

Diese Entwicklung, so sie denn eintritt, wird die Soziale Arbeit vor zwei Herausforderungen stellen. Die erste ist vergleichsweise banal: Die relevanten Kommunikationskanäle zu identifizieren, Zugang zu finden und die nötigen Ressourcen bereitzustellen, um wirksam auf den jeweiligen Plattformen und Messengern präsent zu sein und Rat- und Hilfesuchende Menschen zu erreichen. Die zweite Herausforderung wird größer und ungleich wichtiger: Den potenziell drohenden gesellschaftlichen Spaltungstendenzen entgegenzuwirken. Schon heute attestieren manche Umfragen der deutschen Gesellschaft zahlreiche Spaltungsbewegungen, sei es zwischen den westdeutschen und den ostdeutschen Bundesländern, zwischen ländlichen und urbanen Räumen oder zwischen anderen Gruppen und Regionen. Sollte der Trend zu einem stärkeren Rückzug in geschützte Kommunikationskanäle und geschlossene Communities eintreten, könnte diese kommunikative Entwicklung die vorhandenen Spaltungstendenzen noch verstärken und den digitalen Kontakt zwischen Gruppen und Communities mit unterschiedlichen Sichtweisen, Erfahrungen und Werten erschweren. Diese Entwicklung könnte zu weiteren Verwerfungen und sozialen Spannungen führen. Die Soziale Arbeit hätte in diesem Fall sowohl im digitalen als auch im analogen Raum mehr als genug zu tun.

Influencer*innen der Sozialen Arbeit entwickeln sich

Der letzte Trend, auf den ich Ihre Aufmerksamkeit lenken möchte, ist die vermehrte Entstehung von Influencer*innen der Sozialen Arbeit. Damit meine ich sowohl Fachkräfte der Sozialen Arbeit, die sich selbst auf den Weg machen und aktiv auf den Social-Media-Plattformen kommunizieren, als auch Expert*innen in eigener Sache, die ihren Themen Gehör verschaffen und als Kooperationspartner*innen der Sozialen Arbeit relevanter werden. Die Influencer*innen und Expert*innen in eigener Sache gibt es heute, wie bereits beschrieben, bereits in größerer Zahl.

Die Influencer*innen aus der Sozialen Arbeit selbst beginnen gerade erst zu entstehen. Warum ist dieser Trend für die Soziale Arbeit relevant? Weil er das Potenzial hat, die Profession selbst zu verändern. Fachkräfte, die sich unabhängig von Einrichtungen, Trägern oder Verbänden Sichtbarkeit und Reichweite aufbauen, können und werden ihrem Publikum ihre Sichtweise auf den aktuellen Zustand der Sozialen Arbeit, die Arbeitsbedingungen, (fehlende) gesellschaftliche Anerkennung und die Strukturen des Sozialbereiches vermitteln.

Das kann entweder zu einer wachsenden gesellschaftlichen Anerkennung der Profession und strukturellen Veränderungen oder zu langwierigen Diskussionen, Fachstreitigkeiten und Reibereien führen. Es liegt an uns, jeder einzelnen Fach- und Führungskraft der Sozialen Arbeit, wie wir mit diesem Trend umgehen und was wir daraus machen.

Natürlich gibt es noch zahlreiche weitere Trends, die für die Soziale Arbeit im digitalen Raum relevant werden. Beispielsweise die Entwicklung weg von Bargeld hin zu elektronischen Zahlungsmitteln, die mit massiven Exklusionsrisiken und sozialen Spannung einhergehen könnte. Die wachsende Erwartung dauerhafter Verfügbarkeit sozialer Dienstleistungen, die aus anderen Bereichen auch auf die Klient*innen der Soziale Arbeit und Rat- und Hilfesuchende übergehen kann. Wenn sich Essen, Einkäufe, Rezepte für Medikamente und anderen Dienstleistungen jederzeit online oder über eine App organisieren lassen, warum sollte das dann nicht auch für die Angebote der Sozialen Arbeit gelten? Diese mögliche Entwicklung birgt ein Risiko in sich, das Marc Hasselbach im Interview zu diesem Buch so formuliert:

> »Was die Soziale Arbeit jetzt verpennt in diesem digitalen Zeitalter, wird sie nicht mehr kriegen. Also wenn der Markt weg ist, abgegrast, da kann ich lange über staatliche Regulierung sprechen, wenn der Kunde sagt: ›Hey, wenn ich meine Hilfe über die App vom Anbieter XY so krieg, wieso soll ich acht Wochen auf einen Termin warten? Warum soll ich eine Drogentherapie machen? Ich kriege alles da, virtuelle Seminare nachts um drei.‹ Also irgendwann ist der ganze Hebel der Finanzierung weg. Und diese Gefahr sehe ich, die sehe ich wirklich. Und zwar nicht langfristig in hundert Jahren, sondern das sehe ich in fünf Jahren, in zehn Jahren.«

Das ist kein Plädoyer dafür, blind allen Trends und Entwicklungen hinterherzurennen und auf jeden Hype aufzuspringen. Doch es ist ein Appel und eine Bitte, Themen schneller zu prüfen, Experimente und Testläufe zu wagen, um neue Entwicklungen fachlich fundiert einschätzen und entsprechend reagieren zu können.

Soziale Arbeit steht längst in Konkurrenz zu kommerziellen Angeboten, die nach und nach Leistungen anbieten, die bisher die Domäne der Sozialen Arbeit und ihrer Organisationen waren. Als Beispiel sei nur die Plattform instahelp.me, auf der Therapeut*innen und Berater*innen zu verschiedensten Themen per Mausklick gebucht werden können, genannt. Bei instahelp handelt es sich, so zumindest mein Eindruck, noch um eine Plattform mit fachlichen Standards. Inzwischen gibt es jedoch auch zahlreiche andere, weniger seriöse Angebote, die schnelle Lösungen für komplexe Probleme versprechen.

Die Lücken, die Einrichtungen, Träger und Verbände der Sozialen Arbeit bei ihren Angeboten entstehen lassen, werden von kommerziellen Anbietenden geschlossen werden. Die Befürchtung von Marc Hasselbach, dass solche kommerziellen Angebote aus Nutzer*innensicht besser sein könnten als die Angebote der Sozialen Arbeit und daher den gesamten Markt für sich beanspruchen könnten, was auf Dauer zu einer sinkenden Finanzierung des Sozialbereiches führen könnte, halte ich für berechtigt.

Doch wie bei allen Prognosen und Trends gilt auch hier: Die Zukunft wird heute gestaltet. Noch hat es die Soziale Arbeit als Profession in der Hand, welche Rolle sie dabei spielen wird.

10 Soziale Dystopie digitaler Kommunikation: Soziale Arbeit schweigt

Das folgende Szenario ist natürlich fiktiv und bewusst pessimistisch gehalten. Es zeichnet das Bild einer Gesellschaft, in der die Soziale Arbeit, Wohlfahrtsverbände und sozialpolitisch aktive Lobbyorganisationen größtenteils verstummt sind und ihren Einfluss sowie ihre Sichtbarkeit in der Gesellschaft und auf der politischen Ebene weitgehend verloren haben.

Die dystopische Geschichte zeigt, welche Auswirkungen es haben könnte, wenn die Soziale Arbeit sich kommunikativ zurückzieht oder zu zurückhaltend ist. Der Fokus liegt auf den digitalen Auswirkungen, die jedoch auch Konsequenzen für das analoge Leben der hier beschriebenen Menschen haben. Ähnlichkeiten zu lebenden Personen sind rein zufällig und nicht intendiert.

Februar 2055, irgendwo in einer deutschen Großstadt

Ron und Isabell, beide Ende zwanzig, beginnen ihren Tag gegen 7.30 Uhr. Der Blick aus dem Fenster zeigt den gleichen grauen Schleier, der an den meisten Tagen in der Luft hängt. Ein klarer Himmel ist, zumindest in ihrem Viertel, eine Seltenheit. *Das liegt an Luftfiltern,* denkt Ron, *die kaum noch gewartet oder instand gesetzt werden. Kein Wunder in einem Viertel mit einem so niedrigen Sozialpunktedurschnitt.*

Müde gibt er den Kaffeeersatz in die Maschine. Echter Kaffee ist zu teuer und nur mit elektronischer Zahlung zu bekommen. Er gibt Wasser hinzu und startet den Brühvorgang. In Gedanken geht er den vor ihm liegenden Tag durch. Viel steht eigentlich nicht an: Sein erster Job führt ihn von 9.00 bis 16.00 Uhr in die Fabrik, der zweite steht von 21.00 bis 00.00 Uhr an. Regale einräumen, damit der Supermarkt für die Frühöffnung um 4.00 Uhr startklar ist. Auch wenn ihn die beiden Jobs schlauchen, ist Ron froh, sie zu haben. Es gibt nur noch wenige Arbeitgeber, die Lohn auf Wunsch in Bargeld auszahlen und ohne Bankkonto hat Ron keine andere Wahl. *Nicht, dass das noch viel wert ist,* denkt er grimmig. *Es wird immer schwieriger, Läden zu finden, die noch Bargeld akzeptieren.* Zwei Mal schon riefen Ladenbesitzer die Polizei, weil sie die Scheine für Falschgeld hielten und Ron deshalb anzeigten. Beide Male ging es glimpflich aus. Nach einer längeren Befragung durfte Ron wieder nach Hause gehen. Doch den Arbeitsausfall, zum zweiten Job hat er es an diesem Tag natürlich nicht geschafft, bezahlte ihm keiner. Es wurde am Monatsende noch enger als sonst.

Früher, das weiß Ron aus Erzählungen seiner Eltern, war Bargeld noch viel weiter verbreitet als heute. In seiner Kindheit erinnert er sich an Familienurlaube, in denen Bargeld normal war. Doch das änderte sich, als Anfang der 2040er Jahre das Gesellschaftskonto und mit ihm die Sozialpunkte eingeführt wurden. Ron und Isabell waren damals Teenager, hatten sich gerade ineinander verliebt und andere Themen im Kopf als ein neues Gesetz und die Veränderungen im Sozialsystem. *Das war alles weit weg. Zumindest für mich, denn Isabell hat schon damals genau hingeschaut,* denkt er, als er seine Partnerin in die Küche rollen sieht. Da Isabell seit ihrem vierten Lebensjahr im Rollstuhl sitzt, hatte sie schon früh mit der Krankenkasse und anderen Diensten im Sozialen Bereich zu tun. Ron erinnert sich gut daran, dass Isabell sich bereits beim ersten Bekanntwerden des Gesetzes zur Einführung eines Gesellschaftskontos, so der offizielle Name, fürchterlich darüber aufgeregte. Sie nahm damals auch auf einigen Demonstrationen gegen das Gesetz teil und schloss sich einer Initiative an, die Unterschriften dagegen sammelte und eine Petition einreichte. Genützt hatte es nichts, das Gesetz wurde verabschiedet.

Ron verstand die Aufregung damals nicht. Gesetze waren ihm fern und an Regeln müssen sich alle halten. Warum sollte das hier anders sein? Bitter und etwas resigniert schüttelt er den Kopf. Man, war er damals naiv! Er hätte sich nie träumen lassen, dass dieses neue Gesetz sein und Isabells Leben so massiv verändern würden.

»Guten Morgen Isi, wie hast du geschlafen?« »Och, ganz gut. Ist der Kaffee schon fertig? Wie war deine Nacht?«, folgt die halb gähnende Antwort. Isabell manövriert sich an den Frühstückstisch, greift nach ihrem Smartphone und wirft einen Blick auf die Nachrichten. Es ist mehr Gewohnheit denn echtes Interesse. Eigentlich weiß sie schon, was sie lesen wird: Fortschritte in klimafreundlichen Technologien, ein erfolgreicher Ausbau der selbstfahrenden und elektrisch angetriebenen Busse und die Fertigstellung der neuen inklusiven Wohnanlage dreißig Kilometer südlich von ihrem Wohnort. Mit einem sehnsüchtig-resignierenden Blick betrachtet sie die Bilder der Wohnanlage: grüne Außenbereiche, moderne Fassaden und Innenausstattung, barrierefreie Zugänge und genug Platz, um sich auch mit dem Rollstuhl frei bewegen zu können. Es wäre ideal. Dort könnten Ron und sie nicht nur wohnen, sondern sich auch Gedanken über ihre Zukunft machen.

Schnell schüttelt sie den Kopf und vertreibt den Gedanken. Tagträume bringen sie nicht weiter und je mehr sie sich darauf einlässt, desto unzufriedener wird sie mit dem, was sie hat. »Dabei kann ich eigentlich dankbar sein«, denkt sie bitter. Als junge Frau mit Behinderung mit ihrem Partner in einer eigenen Wohnung zu leben ist mehr, als neunzig Prozent ihrer Klassenkamerad*innen aus ihrer Schulzeit heute haben. Die meisten wohnen in inklusiven Wohnheimen, wie sie offiziell heißen. Theoretisch sind das tolle Umgebungen, praktisch sind es reine Verwahranstalten, in denen alle Bewohner*innen vorgegebene Arbeiten für Unternehmen erledigen müssen. Im Moment kommen die meisten Aufträge von Automobilzulieferern, die Teile für die selbstfahrenden Elektrobusse im öffentlichen Nahverkehr herstellen. Natürlich ginge die Montage auch automatisiert, die Vergabe an inklusive Dienstleister ist jedoch billiger, da die Arbeitskräfte nicht bezahlt werden, sondern mit ihrer Arbeit teilweise für die Kosten ihrer Unterbringung aufkommen.

Früher gab es spezielle Orte, Werkstätten für Menschen mit Behinderungen, erfuhr Isabell im Schulunterricht. Doch die wurden Ende der 2030er Jahre abgeschafft. Die Idee dahinter war, fairere Arbeitsbedingungen und bessere Jobchancen zu schaffen. In Sozialkunde lernte sie, dass die Konzepte für die Veränderung gut waren, in der Praxis allerdings durch eine Entscheidung komplett verdreht wurden: Neue Anbieter müssen nicht mehr gemeinnützig sein, sondern dürfen Gewinne machen. Sie erinnert sich noch genau an die Begründung, die damals dafür gegeben wurde: Wenn alle einen

Zugang zum freien Arbeitsmarkt haben sollen, sollten die neuen Möglichkeiten auch dem Prinzip von Angebot und Nachfrage folgen und Wettbewerb zulassen.

Die Empörung bei den Initiativen und Sozialverbänden, die für die Abschaffung der Werkstätten für Menschen mit Behinderungen gekämpft hatten, war groß. Doch sie verpuffte auf wenig besuchten Social-Media-Profilen und in geschlossenen Gruppen und erreichte nie die breite Öffentlichkeit. Das Resultat: Nur wenige Jahre später waren die meisten Anbieter von Sozialleistungen kommerzielle Unternehmen mit klaren Gewinnvorgaben. Die Aufträge der Automobilzulieferer, noch dazu mit einer kostenlosen Mitarbeiter*innenschaft, kamen da gerade recht.

So gesehen geht es mir gut, denkt Isabell. Sie ist als Referentin bei einer Selbsthilfeinitiative tätig, kann meistens im Homeoffice arbeiten und muss nur zwei Tage pro Woche im Büro sein. Das ist auch gut so, denn die Fahrt dorthin kostet sie immer über eine Stunde. Der öffentliche Elektro-Bus wäre schneller, doch in ihrem Viertel fahren nur zwei Linien und bei beiden sind die Rollstuhlrampen seit Monaten außer Betrieb. Auf ihre Beschwerden und Hinweise an die Stadt, die für die Buslinien verantwortlich ist, bekam Isabell bis heute keine Antwort. Daher ist sie auf die barrierefreien Sammeltaxis angewiesen. Diese fahren aber nur, wenn es genug Anfragen gibt und machen dann zig Zwischenstopps, was die Fahrten deutlich verlängert.

Ein eigenes Auto kommt für Isabell und Ron nicht infrage. Nicht nur des Geldes wegen, mit einem gebrauchten Elektroauto kämen sie schon hin, sondern weil es solche Anschaffungen nur mit digitaler Zahlung gibt. Im Gegensatz zu Ron hat Isabell zwar ein Bankkonto und kann auch elektronisch zahlen, ihre Verfügungslimit ist jedoch stark eingeschränkt und Kreditwürdigkeit ist für sie ein Fremdwort. Ihr Einkommen oder der längst überholte Schufa-Score spielen dabei fast keine Rolle, das weiß Isabell. Entscheidend ist der Stand ihres Gesellschaftskontos, genauer gesagt, ihr Sozialpunktestand. Und bei dem sieht es düster aus. Zum einen wohnen Ron und sie nicht gerade im besten Viertel, eher in einem Randbezirk, der schon deutlich bessere Zeiten gesehen hat. Eine andere Wohnung ist jedoch nicht bezahlbar. Zum anderen kommen bei ihr und Ron gleich mehrere negative Faktoren zusammen. Da sie im Rollstuhl sitzt, wird ihre Leistungsfähigkeit grundsätzlich geringer eingestuft als bei Menschen ohne körperliche Einschränkung. Ein Gedanke, bei dem in Isabell kalte Wut aufsteigt, ihr Arbeitgeber gehört nicht zu den »gesamtwirtschaftlich besonders wirksamen« Unternehmen und Rons Jobs brauchen keine hohe Qualifikation oder besondere Kenntnisse. Diese Gemengelage führt dazu, dass sowohl ihres als auch Rons Gesellschaftskonto einen deutlich unterdurchschnittlichen Punktestand aufweist. Bis vor einigen Jahren konnten sie noch durch ehrenamtliche Arbeit Punkte aufbauen, doch diese Option wurde gestrichen, nachdem Ehrenamt nicht mehr als gesellschaftlich wertvoll eingestuft wurde.

Ihr schlechter Sozialpunktestand hat für Ron und Isabell ganz konkrete Konsequenzen. Der Kauf eines eigenen Autos oder einer Wohnung ist unmöglich. Keine Bank würde ihnen einen Kredit geben, kein*e Verkäufer*in auch nur einen Termin vereinbaren. Internationale Urlaubsreisen gestalten sich schwierig, Reiseanbieter dürfen den Sozialpunktestand als ein Kriterium heranziehen. Und selbst der Abschluss eines Internet- und Mobilfunkvertrages ist eine Herausforderung. Ein großes Problem wird das Gesellschaftskonto für Isabell und Ron allerdings durch zwei Faktoren:

Zum Ersten in Bezug auf den elektronischen Identitätsnachweis, der über die Ident-Smartphone-App funktioniert. Dieser hat vor Jahren den bis dahin gebräuchlichen Personalausweis abgelöst. Die App vereint nicht nur biometrische Daten wie Fingerabdrücke und Iris-Scans, sondern auch den Sozialpunkte- und Kontostand. Außerdem aktualisiert die App den Sozialpunktestand auf dem individuellen Gesellschaftskonto regelmäßig und nutzt dafür die Aktivitätsdaten des Smartphones und verbundener SmartDevices, wie beispielsweise Smartwatches, Fitnesstracker oder SmartBrillen. Auch wenn diese Datensammlung offiziell freiwillig ist, führt eine Zugriffsverweigerung meist zu misstrauischen Blicken und Ablehnung, denn der Datenzugriff gehört schon fast zum guten Ton. Vertragspartner*innen, Arbeitgeber*innen, Krankenkassen und andere Institutionen können auf diese Daten zugreifen, wenn die bzw. der Inhaber*in der Ident-App die Freigabe erteilt. Diese Einwilligung ist ebenfalls freiwillig, doch da die meisten Nachweise nur noch über die App möglich sind, ist diese Freiwilligkeit eher theoretischer Natur.

Das zweite und für Isabell und Ron schmerzhaftere Problem sind die gesellschaftlichen Vorurteile, die mit einem niedrigeren Sozialpunktestand einhergehen. Viel zu oft hat Isabell gesehen, wie sich das freundliche Lächeln eines oder einer Mitarbeitenden in Behörden oder Unternehmen in einen ernsten und teilweise leicht angewiderten Gesichtsausdruck verwandelte, nachdem ihr Gegenüber ihre Ident-App ausgelesen hatte. Diese Reaktion trifft Ron und Isabell auch nach Jahren noch persönlich und lässt sie jedes Mal an sich selbst zweifeln.

Ihren Mitmenschen machen die beiden dabei keinen Vorwurf. Wüssten sie nicht aus eigener Erfahrung, dass ein normales Leben mit einem niedrigen Sozialpunktestand möglich ist, würden sie vermutlich ähnlich reagieren. Zu massiv ist die negative Berichterstattung auf den Videoplattformen und Social-Media-Kanälen. Täglich gibt es in den Messenger-News-Kanälen zahlreiche Berichte über Gewalttaten, Diebstähle, Betrügereien und ähnliche Straftaten. Alle haben eines gemeinsam: Es wird immer der niedrige Sozialpunktestand der Kriminellen erwähnt. Ein großer Teil der Berichte, da ist sich Isabell sicher, sind Fake. Kaum einer wird wirklich zur Anzeige gebracht und noch weniger werden aufgeklärt. Und selbst wenn es eine Korrektur gibt, geht diese im Rauschen der Nachrichten unter. Was hängen bleibt, ist: Menschen mit wenigen Sozialpunkten sind kriminell, asozial und eine Belastung für die Gesellschaft.

»Schon erstaunlich«, denkt Isabell laut. »Was meinst du, Schatz?«, fragt Ron ein wenig verwirrt nach, während er den Kaffeeersatz in die Tassen gießt. »Erinnerst du dich noch daran, wie sehr früher gegen Flüchtlinge und Ausländer*innen gehetzt wurde und wie viele Fake News es immer gab?«, erwiderte Isabell. »Klar. Aber das haben wir doch Anfang der 2040er Jahre hinter uns gelassen«, antwortet Ron passend zur gängigen Lehrmeinung. »Natürlich!«, schnaubt Isabell bitter, »wir haben dann nur rein zufällig das Gesellschaftskonto eingeführt und rein zufällig verbinden heute die meisten Leute wenige Sozialpunkte mit einem Migrationshintergrund und asozialem Verhalten. Alles nur Zufall, logisch.« Ron schaut irritiert, aber auch traurig. Er weiß, wohin sich diese Diskussion entwickeln wird. Sie führen sie nicht zum ersten Mal. »Schatz, ich weiß, was du meinst. Aber das bringt doch nichts. Wir können daran nichts ändern. Dafür gibt es doch Initiativen wie deinen Arbeitgeber, oder? Waren da nicht auch mal Sozial- und Wohlfahrtsverbände? Was tun die eigentlich gegen das alles?«

Achtzig Kilometer entfernt, am anderen Ende der Stadt, in einem älteren, aber gut instand gehaltenen Gebäude stellt sich Maja dieselbe Frage. Nachdenklich schaut sie in ihre Kaffeetasse und erinnert sich. Damals, als sie frisch aus dem Studium der Sozialen Arbeit kam, sah das alles noch anders aus. Sicher, Probleme gab es damals auch und die Soziale Arbeit hatte noch nie das höchste gesellschaftliche Ansehen, aber sie konnte mit ihrer Arbeit bei kleineren Trägern von Einrichtungen doch etwas bewegen und Menschen helfen. Als sie Mitte der 2030er Jahre ihre Arbeit im Referat Sozialpolitik eines größeren Wohlfahrtsverbandes begonnen hatte, konnte sie ihre Wirkung noch verstärken. Zwar waren die Erfolge nicht mehr so greifbar und unmittelbar wie bei der Arbeit mit Rat- und Hilfesuchenden vor Ort, dafür wusste Sie, dass Ihre Arbeit an Gesetzesvorlagen und in Ausschüssen einen Unterschied machte.

Dann kam die große Sozialwende, wie die Veränderung inzwischen in Fachkreisen heißt. Nach der Wahl der neuen Regierung wurden neue Prioritäten gesetzt und da sich die Regierungskoalition einig war und die klare Stimmenmehrheit hatte, konnte die Opposition nichts am neuen Kurs ändern. Vertreter*innen wurden immer noch in Ausschüsse eingeladen, doch ihre Meinungen wurden nur noch zur Kenntnis genommen und fachliche Impulse tauchten in den Protokollen gar nicht mehr auf. Zu Beginn waren sich die Verbände nicht sicher, wie sie darauf reagieren sollten. Ein Teil wollte die eigene Kommunikation stärken, die in den Ausschüssen ignorierten Positionen in die Öffentlichkeit tragen und so gesellschaftliches Bewusstsein und Druck aufbauen, um gehört zu werden. Die Mehrheit jedoch war gegen diesen Ansatz. Sie wollten durch öffentliche Kommunikationskampagnen die Arbeit in den nicht-öffentlichen Ausschüssen nicht gefährden und mahnten zur Geduld. Als klar wurde, dass Geduld nichts ändern würde, war es zu spät.

Zu diesem Zeitpunkt wurden die Budgets für soziale Dienste radikal gekürzt und der Sozialbereich für rein kommerzielle und gewinnorientierte Unternehmen geöffnet. Das einstmals wichtige Alleinstellungsmerkmal der Gemeinnützigkeit wurde zwar rechtlich nicht abgeschafft, verlor jedoch jegliche Bedeutung und wurde sogar zum Nachteil für die etablierten sozialen Träger, da sie immer noch an die Vorgaben der Gemeinnützigkeit gebunden und so der kommerziellen Konkurrenz unterlegen waren. Mit den Budgetkürzungen kam auch der Personalabbau in den Verbänden. Zuerst wurde an Kommunikation und Lobbyarbeit gespart, um die operativ nötigen Stellen und Fähigkeiten zu erhalten. *Das war der Anfang vom Ende,* denkt Maja verbittert. Als das Gesetz zur Einführung eines Gesellschaftskontos vorgelegt wurde, fehlten den Verbänden nun die Ressourcen und Fähigkeiten, um gezielt und wirksam dagegen an die Öffentlichkeit zu gehen und Menschen zu mobilisieren. Sicher, die Kooperation mit Selbsthilfegruppen und -initiativen führte zu einigen Demonstrationen und einer Petition. Doch die erreichte noch nicht mal die nötigen 50.000 Unterschriften, um im Bundestag diskutiert zu werden.

Wir haben uns selbst abgeschafft. Nein, schlimmer, wir haben uns selbst ausmanövriert, denkt Maja mit einem Anflug von Schuldgefühlen. Viele ihrer ehemaligen Kolleg*innen mit der nötigen Expertise arbeiten heute bei Wirtschaftsunternehmen und wissenschaftlichen Instituten. Wenn heute neue Gesetzesentwürfe vorgelegt werden, sind die Wohlfahrtsverbände nicht in der Lage, deren soziale Auswirkungen fachlich fundiert zu beurteilen, geschweige denn dazu wirksam Stellung zu beziehen oder Kampagnen ins Leben zu rufen. »Das fällt uns doch gerade auch wieder auf die Füße«, sagt Maja laut in den Raum hinein. »Wenn das neue Gesetz gebilligt wird, wird Bargeld schrittweise abgeschafft und die elektronische Kommunikation darf komplett – natürlich ›freiwillig‹ – von der Ident-App gescannt werden. Hat ja keiner was zu verbergen, oder?« Maja schüttelt frustriert den Kopf und reißt sich aus ihren Gedanken, bevor sie sich in Resignation verliert. Es wird Zeit, sich an die Arbeit zu machen. Einen Versuch ist es wert, aufgeben zählt nicht.

11 Soziale Utopie digitaler Kommunikation: Soziale Arbeit gestaltet Gesellschaft

Um nicht auf einer negativen Note zu enden, folgt nach der Dystopie die Utopie. In diesem Szenario beschreibe ich eine Gesellschaft, in der die Fachkräfte, Einrichtungen, Verbände und Organisationen der Sozialen Arbeit ihre Stimme noch aktiver und klarer als bisher erheben. Dafür nutzen sie das gesamte Repertoire der analogen und digitalen Kommunikationsmöglichkeiten. Der Fokus der Utopie liegt hierbei auf den kommunikativen Möglichkeiten und Chancen.

Februar 2055, irgendwo in einer deutschen Großstadt

Ron und Isabell, beide Ende zwanzig, beginnen ihren Tag gegen 7.30 Uhr. Der Blick aus dem Fenster zeigt einen grauen, wolkenverhangenen Himmel, wie schon in den letzten Tagen. *Immerhin soll die Sonne laut Prognose am Wochenende wieder scheinen,* denkt Ron, während er schlaftrunken den Kaffeeersatz in die Maschine gibt und Wasser in die Kanne gießt. Echten Kaffee gibt es nur am Wochenende und zu besonderen Gelegenheiten, seit die Preise für Importwaren mit langen Lieferwegen durch die hohen CO2-Abgaben so angestiegen sind.

Na ja, könnte schlimmer sein, denkt Ron, *immerhin haben wir, seit die Maßnahmen gegen die Klimakrise ernsthaft umgesetzt werden, wieder bessere Luft und keinen Smog mehr über der Stadt.* Während er vorsichtig Wasser in die Maschine gießt und den Brühvorgang startet, geht Ron gedanklich den kommenden Tag durch. Er muss sich ein wenig beeilen. 8.30 Uhr wird ein Kollege im Sharing-Wagen vorbeikommen, um ihn für die Arbeit abzuholen. Ron arbeitet seit einigen Jahren bei einem regional ansässigen Solarunternehmen und ist dort für die Produktion der neuen Generation Solarzellen zuständig. Wäre er nur zehn Jahre früher geboren, hätte er vermutlich keine Chance auf diesen ordentlich bezahlten Job gehabt, das weiß Ron. Doch nach den Reformen Mitte der 2040er Jahre wurden umfangreiche staatliche Qualifizierungs- und Umschulungsprogramme aufgelegt. Eines davon war Rons Ticket in die Solarproduktion. Sein Schulabschluss reichte dafür nicht, doch das lag am System Schule, nicht an mangelnder Intelligenz. Das Qualifizierungsprogramm meisterte Ron mit wehenden Fahnen und schloss als Drittbester seines Durchgangs ab. Der Job hat natürlich auch Nachteile. Die in vielen Branchen bereits verbreitete Vier-Tage-Woche ist in der Solarproduktion noch recht weit entfernt und Homeoffice ist nicht wirklich möglich. Aber die Bezahlung stimmt und der elektrische Sharing-Wagen für die Sammelfahrten zum Unternehmen wird vom Arbeitgeber gestellt. Alles in allem ist Ron dankbar für diese Situation.

»Guten Morgen Isi, wie hast du geschlafen?«, begrüßt Ron seine Partnerin die gerade in ihrem Rollstuhl in die Küche fährt. »Ganz gut, und du? Ist der Kaffee schon fertig?«, folgt die etwas verschlafene Antwort. Auch Isabell geht, wenn auch noch etwas müde, gedanklich ihren Tag durch. Ihre Arbeit bei der Initiative für soziale Gerechtigkeit beginnt heute um 9.00 Uhr mit einem Videocall, in dem sie die bald startende Kampagne für den Ausbau des inklusiven und barrierefreien Nahverkehrs besprechen wird. Isabell hat die letzten Monate damit verbracht, Partnerorganisationen für die Kampagne zu finden. Schwer war das nicht. Die meiste Zeit haben die Detailabsprachen und Kooperationsverträge in Anspruch genommen. Vor einigen Jahren hätte sich eine Selbsthilfeinitiative wie ihre noch schwergetan, Partnerorganisationen zu finden, die wirklich mit anpacken. Wohlfahrts- und Sozialverbände hätten Pressemitteilungen herausgegeben und Statements beigesteuert. Aber finanzielle Unterstützung oder gar Kommunikationskanäle mit spürbarer und relevanter Reichweite hätten sie dabei nicht hervorgebracht. *Das hat sich zum Glück geändert,* denkt Isabell und lächelt dabei. Die Sozialkooperation Mitte der 2030er Jahre war die Wende, die rückblickend betrachtet alles veränderte.

Isabell kennt die Geschichte nur aus dem Schulunterricht. Mitte der 2030er Jahre war wohl der Punkt erreicht, an dem sich die Sozial- und Wohlfahrtsverbände zusammenschlossen und gemeinsam als Lobby für die Budgetausstattung und Anerkennung des Sozialen

Bereiches aktiv wurden. Die Folge waren breite Kommunikationskampagnen, die im Laufe der Zeit nicht nur das gesellschaftliche Bewusstsein und die Wertschätzung für Soziale Berufe steigerten – in einem Buch las Isabel einmal den Satz: »Geklatscht haben alle schon davor, das half nichts« –, sondern vor allem den politischen Druck deutlich erhöht. Das Resultat war, dass die Ausstattung des Sozialen Bereiches im folgenden Bundestagswahlkampf eine zentrale Rolle spielte und, noch wichtiger, nach der Wahl die Mittel im Haushalt tatsächlich umgeschichtet wurden.

»Die Menschen waren da auch wichtig«, denkt Isabell halb laut vor sich hin. »Welche Menschen meinst du, mein Schatz?«, fragt Ron, während er den Kaffeeersatz in die Tassen gießt. »Erinnerst du dich daran, wie es in der Schule hieß, die Sozialwende wäre vor allem durch den politischen Druck zustande gekommen? Ich finde, die Menschen, denen die Sozialarbeiter*innen halfen, waren fast noch wichtiger. Zumindest erzählen das meine Eltern und meine älteren Kolleg*innen so.« »Da ist was dran«, antwortet Ron nachdenklich. Er war selbst noch zu jung als die Veränderung begann. Wenn er seinen Eltern und älteren Kolleg*innen glaubt, war es einst nicht normal, zur Sozialberatung zu gehen. Früher, so erzählen es die Älteren, wäre das eine Schande gewesen. Das kann Ron gerade noch glauben. Eine andere Sache klingt für ihn mehr an den Haaren herbeigezogen: Früher sei es teilweise schwierig gewesen, Beratungsangebote und Details dazu überhaupt zu finden. Das gehört für Ron und Isabell ins Reich der Märchen. Sicher ist nicht alles perfekt, doch egal welche Social-Media-Plattform sie auch nutzen oder für welchen Messengerdienst sie sich entscheiden: Soziale Angebote sind überall präsent und mit wenigen Klicks und Swipes zu erreichen. Das ist auch kein Wunder, haben die Sozialverbände inzwischen doch eigene Kommunikations- und Digitalabteilungen, die nicht nur hervorragende Öffentlichkeitsarbeit machen, sondern auch im Darknet, über anonyme Messenger, Foren und Videochats Beratungen und Informationen anbieten. Die Fake-News- und Medientrainings sind inzwischen sogar so gut, dass manche Menschen sie als Zeitvertreib machen und dabei richtig Spaß haben. Nur an den KI-basierten Chatbots dürften sie noch ein wenig arbeiten. Die geben manchmal wirklich unfreiwillig lustige Antworten.

Isabell hat ihr Tablet entfaltet und liest die aktuellen Nachrichten. Wie gewohnt setzt sie von Beginn an den Filter auf »positive und objektive« Berichterstattung und blendet damit die reißerischen und noch unbestätigten Nachrichten aus. Wenn etwas wirklich Wichtiges passiert, das sie sofort wissen muss, wird sich die Warn-App schon bemerkbar machen. An einer Meldung zur Inbetriebnahme eines neuen, autonomen und barrierefreien Elektrobusses bleibt Isabell hängen. Im Artikel wird behauptet, dass achtzig Prozent des öffentlichen Nahverkehrs in ihrer Stadt bereits barrierefrei nutzbar seien. »Das wäre mir aber neu«, murmelt Isabell und klickt auf den Button »Fakten und Zahlen zur Meldung«. Wie erwartet basiert die Achtzig-Prozent-Aussage nicht auf den von den Sozial- und Wohlfahrtsverbänden bereitgestellten Daten, sondern auf Aussagen des Elektrobus-Herstellers, der diese Zahl von der Anzahl seiner verkauften, barrierefreien Fahrzeuge ableitet. *Na, das geht aber sauberer,* denkt Isabell und nimmt sich vor, die Verfasser*innen der Publikation später am Tag anzuschreiben und nach einer Erklärung zu fragen.

Achtzig Kilometer entfernt, am anderen Ende der Stadt, in einem älteren, aber gut instand gehaltenen Gebäude, geht auch Maja den anstehenden Tag mit ihren Kolleg*innen durch. Ihre Kollegen Robert und Max stürzen sich heute auf den Kaffee und haben ihn ihrem Aussehen nach auch wirklich nötig. Der Rest des Teams kommentiert ihren Zustand nur mit einem verständnisvollen Lächeln. Schließlich heiraten die beiden in wenigen Tagen und hatten gestern ihren Polterabend. Es ist wohl ein wenig spät geworden. Mit einem fröhlichen »Guten Morgen« eröffnet Maja die Teamsitzung und lässt ihren Blick in die Runde schweifen. Insgesamt sieben Kolleg*innen bilden mit ihr das Kommunikations- und Digitalisierungsreferat des übergreifenden Sozialverbandes. Dass sie mal in einem solchen Team mit ihren heutigen Aufgaben betraut sein würde, hätte sich Maja nie träumen lassen.

Als sie Anfang der 2030er Jahre ist Studium der Sozialen Arbeit abschloss und ins Berufsleben einstieg, waren Ressourcenknappheit, Fachkräftemangel und Unterfinanzierung schlimmer als je zuvor. Die Sozialen Berufe waren nicht nur gesellschaftlich wenig anerkannt, sie wurden auch immer schlechter bezahlt und die im Bundeshaushalt vorgesehenen Mittel wurden mit jeder neuen Haushaltsrunde weniger. Selbst Maja, die den Beruf aus Überzeugung ergriff, war nach drei Jahren in ambulanten Sozialdiensten und Beratungsstellen kurz davor, den Job hinzuschmeißen und sich etwas anderes zu suchen. *Doch was sich für viele wie der Anfang vom Ende des Sozialbereiches anfühlte, wurde zum großen Wendepunkt,* denkt Maja zufrieden und ein klein wenig stolz. Denn sie machte sich damals, zusammen mit Kolleg*innen in ihrem und anderen Trägern und Wohlfahrtsverbänden, dafür stark, enger miteinander zu kooperieren und sich organisationsübergreifend für den Sozialsektor zusammenzuschließen. Sie erinnert sich noch gut an die langen Diskussionen, die Gremiensitzungen, die Argumente, Kämpfe und unbezahlten Überstunden, die es brauchte, um eine erste gemeinsame Kampagne auf den Weg zu bringen. Diese erste Kampagne, die auf den desolaten Zustand der Einrichtungen im Sozialbereich und ihre viel zu geringe Ausstattung aufmerksam machte, hatte Erfolg. Das lag allerdings weniger an den Institutionen, sondern mehr an den Kolleg*innen, die sich fast alle neben ihrer eigentlichen Arbeit um die Kommunikation kümmerten. Anders ging es auch nicht, hatten doch so gut wie alle Verbände und Einrichtungen ihre Kommunikations- und Öffentlichkeitsabteilungen zusammengestrichen oder komplett abgebaut.

Der entscheidende Erfolgsfaktor war die Zusammenarbeit mit der organisierten und nichtorganisierten Zivilgesellschaft, wie Vereinen, ehrenamtlichen Initiativen, Selbsthilfeorganisationen und Aktivist*innen. Natürlich traf die Idee, nicht nur mit ihnen zu kooperieren, sondern sie als gleichberechtigte Partner*innen beim Design der Kampagne einzubinden, auf massiven Widerstand in den Verbänden. Eine Kooperation ist gut, aber sollte ihnen wirklich ein echtes Mitspracherecht und Gestaltungsspielraum bei einer so wichtigen Kampagne eingeräumt werden? Würde das nicht die Botschaft verwässern und die fachliche Qualität reduzieren? Maja schüttelt den Kopf und schmunzelt. Natürlich waren das damals keine inhaltlichen oder fachlich fundierten Argumente. Es ging nur um Macht und die Definitionshoheit, wer die Bedarfe des Sozialbereiches vertreten und damit auch die wenigen Mittel für sich beanspruchen durfte. Die etablierte Sozialwirtschaft mit all ihren Institutionen ging erst einmal in den Verteidigungs- und Reviersicherungsmodus. Dennoch gelang es nach langem Ringen, die Kampagne als Kooperation aller beteiligten Initiativen, Einrichtungen, Träger, Verbände und Vereine zu gestalten. Es waren natürlich nicht alle, aber dennoch viele.

Mit dieser geballten Kompetenz und Community als Basis gelang es, mit der Kampagne öffentliche Aufmerksamkeit zu erreichen. Beiträge gingen koordiniert in allen Social-Media-Kanälen, in Gruppen, Messengerdiensten, Podcasts, Blogs und Videoplattformen online. Dabei kamen nicht nur die Reichweiten der Organisationen, sondern oft auch die privaten Kanäle der ehren- und hauptamtlichen Mitarbeitenden und sogar die Unterstützung einiger Influencer*innen zum Einsatz. Maja erinnert sich noch gut daran, mit welchen Argumenten sie die großen und einflussreichen Creators überzeugen konnten. Einerseits hatte fast jede*r von ihnen Familienmitglieder, die entweder pflegebedürftig waren oder es in absehbarer Zeit sein würden. Andererseits waren viele der Creators selbst Eltern und damit direkt von der immer dünner werdenden Kita-Betreuung betroffen. Die meisten verstanden, dass es damals nur wenige zeitgemäße Unterstützungsangebote der Sozialen Arbeit für Jugendliche gab. Einige Online-Streetwork-Angebote, Onlineberatungen und wenige Projekte im Darknet waren vorhanden. Doch von einer flächendeckenden, gut auffindbaren Versorgung oder gar großen Aufklärungs- und Informationskampagnen zu Privatsphäre, dem Schutz der eigenen Daten, dem Erkennen von Fake News oder dem richtigen Umgang mit Onlinedating-Apps, Cybermobbing und ähnlichem war kaum etwas zu sehen.

Das hat sich zum Glück geändert, denkt Maja. Heute wird jede soziale Dienstleistung integriert und hybrid, also mit analoger und digitaler Komponente entwickelt. Virtual-Reality-Beratungen sind im Kommen, aktuell allerdings immer noch selten, zu gering ist die Verbreitung der Headsets. Doch aufsuchende Sozialarbeit ist auch im digitalen Raum in fast allen Arbeitsfeldern Standard. Für Maja ist aber noch wichtiger: Die Sozialverbände sind inzwischen aktiv an der Gestaltung von Gesetzen und an Projekten der technischen Infrastruktur beteiligt. Heute geht es im Team beispielsweise um die neue Richtlinie zur inklusiven und diversen Gestaltung von KI-Trainingsdaten und entsprechende Guidelines für die Entwicklung von KI-Systemen. Mit diesem Gedanken wendet sich Maja ihrem Team zu. Es gibt viel zu tun.

12 Schlusswort

Wenn Sie das Buch bis hierhin gelesen habe: Danke für Ihre Zeit und Aufmerksamkeit. Ich weiß jede Minute, die Sie sich genommen haben, sehr zu schätzen.

Meine Hoffnung ist, dass diese Zeit für Sie gut investiert war und Sie Anregungen und Inspiration für Ihre Arbeit mitnehmen oder sich dem Thema der digitalen Kommunikation nähern konnten. Wenn Sie auch nur einen Aha-Moment beim Lesen des Buches hatten oder auch nur ein bisher fremdes Thema besser verstehen, hat das Buch sein Ziel erreicht. Wenn Sie sich gut unterhalten und informiert fühlen und vielleicht auf neue Ideen kamen, habe ich zum Abschluss eine Bitte an Sie: Belassen Sie es nicht bei Ideen oder Gedanken wie »Man könnte mal …«, sondern werden Sie aktiv und setzen Sie Ihre Ideen in die Tat um. Ideen gibt es viele, doch nur wenige werden zu Pilotversuchen oder Experimenten.

Die ersten Schritte einer neuen Idee müssen dabei gar nicht groß sein. Hier einige Ansätze, die ich von Fachkräften der Sozialen Arbeit in Workshops, Beratungen und nach Vorträgen in zahlreichen Gesprächen lernen durfte:

- Bilden Sie eine Übungsgruppe mit Kolleg*innen, die sich die digitale Welt oder eine bestimmte Plattform ebenfalls erschließen wollen. Legen Sie eine geschlossene Gruppe auf einer Plattform oder in einem Messenger an und lernen Sie das neue Medium durch Ausprobieren im geschützten Raum kennen.
- Schauen Sie, welche Social-Media-Plattformen oder digitalen Kommunikationskanäle in Ihrer Einrichtung oder bei Ihrem Träger genutzt werden, und fragen Sie nach, ob und wie Sie sich vielleicht beteiligen oder einbringen können.
- Die beste Lernerfahrung: Es anderen beibringen. Wenn Sie sich ein bestimmtes digitales Thema oder ein Werkzeug aneignen wol-

len, bieten Sie in sechs bis acht Wochen einen offenen Austausch, ein Schulungsangebot oder einen freien Workshops für Ihre Kolleg*innen oder interessierten Kontakte aus Ihrem Netzwerk an. In der Zeit bis zu diesem Termin werden Sie sich dem Thema sicher mit großer Konzentration widmen, denn Sie müssen es anderen ja erklären können.
- Nutzen Sie Veranstaltungen mit offenen Formaten wie beispielsweise Barcamps, auf barcamp-liste.de finden Sie aktuelle Termine und Veranstaltungen, und nehmen Sie dort mit einer Lernhaltung teil. Setzen Sie sich in Sessions zu interessanten Themen, lauschen Sie, stellen Sie Fragen oder bringen Sie Ihre eigene Session zu einer Frage ein.
- Nutzen Sie gern auch unserer Seite zum Buch, schauen Sie sich die dort verlinkten Quellen – es sind viele Blogs und Podcasts dabei – an und nutzen Sie die Erfahrungen anderer, um sich selbst in die digitale Welt zu begeben.

Wenn Sie nicht im institutionellen Kontext aktiv werden wollen oder damit bereits schlechte Erfahrungen gemacht haben, prüfen Sie, ob Sie privat zu den für Sie wichtigen Themen kommunizieren wollen. Wollen Sie Ihre Gedanken und Sichtweisen zu Fachthemen teilen und Feedback dazu sammeln? Warum nicht Beiträge in einer der zahlreichen Facebook-Gruppen zum Thema Soziale Arbeit verfassen? Oder ein eigenes Blog, einen Instagram-, TikTok- oder YouTube-Kanal aufbauen, Videos aufnehmen, diese Videos an Kolleg*innen, oder Kommiliton*innen, wenn Sie noch studieren, schicken und Feedback einholen? Die Möglichkeiten sind fast unbegrenzt. Wenn dieses Buch einer von vielen Impulsen war, der Sie schlussendlich dazu motiviert, selbst zu kommunizieren, freue ich mich, wenn Sie mir unter buch@sozial-pr.net einen Link zu Ihrem Blog oder Kanal schicken und einige Zeilen dazu schreiben.

Wenn Sie dieses Buch als Führungs- oder Leitungskraft gelesen haben, hoffe ich, dass neben Inspiration und Information auch die Botschaft deutlich wurde: Digitale Kommunikation, egal ob in einer Einrichtung, mit Klient*innen, in der Öffentlichkeits- oder Lobbyarbeit, braucht Ressourcen. Diese umfassen sowohl Zeit als auch Finanzierung, Weiterbildungen und Raum für Fachkräfte, um neue

Formate und Angebote zu entwickeln und diese fachliche reflektiert auszuprobieren.

Digitale Kommunikation durchdringt unsere Gesellschaft inzwischen in allen Bereichen und kann gewaltigen Einfluss auf soziale und digitale Teilhabe, Chancengleichheit und gesellschaftlichen Zusammenhalt haben. Die Fachkräfte und Organisationen der Sozialen Arbeit haben es in der Hand, ob diese so wichtige Profession sich aktiv in die Entwicklung des digitalen Raumes einbringt oder die Entwicklung beobachtet und sich nur mit den Konsequenzen der Veränderungen befasst. Ich wünsche mir, dass Soziale Arbeit sowohl bei den Regeln, Gesetzen und Entwicklungen digitaler Kommunikation beteiligt ist als auch eigene Communities aufbaut und mit bestehenden Communities kooperiert. Keine andere Profession ist von ihrem Selbstverständnis und Auftrag so prädestiniert dafür, digitale Entwicklungen in gesellschaftlich und sozial positive Bahnen zu lenken und die Chancen für digitale Teilhabe und Chancengleichheit aktiv zu nutzen, wie die Soziale Arbeit. Gehen wir es gemeinsam an?

Literatur

Aguayo-Krauthausen, R. (o. J.): Raul Krauthausen. https://raul.de/ (Zugriff am 02.04.2023).

ARD/ZDF-Forschungskommission (2022): ARD/ZDF-Onlinestudie 2022. https://www.ard-zdf-onlinestudie.de/files/2022/ARD-ZDF-Onlinestudie_2022_Infografik_DinA4.pdf (Zugriff am 17.12.2022).

Bayerischer Jugendring (2021): Digital Streetwork Bayern. https://www.digital-streetwork-bayern.de (Zugriff am 02.01.2023).

Blume, B. (2021): Diskussion: Kultur der Digitalität – eine kritische Betrachtung. https://bobblume.de/2021/07/12/kulturderdigitalitaetkritik (Zugriff am 04.02.2023).

Bocksch, R. (2022): Zoom: In vier Jahren zum Milliarden-Umsatz. https://de.statista.com/infografik/21927/umsatzentwicklung-von-zoom/ (Zugriff am 08.07 2022).

Borgstedt, S. (2020): Sinus-Jugendbefragung: Kindertagesbetreuung und Pflege – attraktive Berufe? https://www.bmfsfj.de/resource/blob/158240/dddec08758972ec83d43f233d90fc8d7/20200607-sinus-jugendbefragung-data.pdf (Zugriff am 10.12.2022).

Bundesfachstelle Barrierefreiheit (2021): Mehr Barrierefreiheit für Produkte und Dienstleistungen: Das Barrierefreiheitsstärkungsgesetz tritt in Kraft. https://www.bundesfachstelle-barrierefreiheit.de/SharedDocs/Kurzmeldungen/DE/barrierefreiheitsstaerkungsgesetz-verkuendet.html (Zugriff am 16.02.2023).

Bundesfachstelle für Barrierefreiheit (2022): Neue Verpflichtung zu mehr Barrierefreiheit in Medien. https://www.bundesfachstelle-barrierefreiheit.de/SharedDocs/Kurzmeldungen/DE/mehr-barrierefreiheit-in-rundfunk-zweiter-medienaenderungsstaatsvertrag.html (Zugriff am 16.02.2023).

Bundeszentrale für politische Bildung (2016): Öffentlichkeitsarbeit. https://www.bpb.de/kurz-knapp/lexika/lexikon-der-wirtschaft/20254/oeffentlichkeitsarbeit/#:~:text=%C3%96ffentlichkeitsarbeit%20Public%20Relations%2C%20PR&text=alle%20Ma%C3%9Fnahmen%2C%20die%20im%20Zuge,zu%20st%C3%A4rken%20und%20zu%20pflegen (Zugriff am 28.03.2023)

Der Paritätische Wohlfahrtsverband Landesverband Baden-Württemberg e. V. (2022): CAREhacktCORONA. https://paritaet-bw.de/themen/carehacktcorona (Zugriff am 19.02.2023).

Deutsches Studierendenwerk e. V. (o. J.): Nachteilsausgleich: Antragsverfahren und Nachweise. https://www.studentenwerke.de/de/content/nachteilsausgleich-antragsverfahren-und-nachweise (Zugriff am 29.03.2023).

Duden (2023): Standard. https://www.duden.de/rechtschreibung/Standard_Norm#bedeutungen (Zugriff am 14.06.2023).

Initiative D21 e. V. (2022): D21-Digital-Index 2021/2022. https://initiatived21.de/d21index21-22/ (Zugriff am 04.02.2023).

Initiative D21 e. V. (2023): Der D21-Digital-Index 2022/23. https://initiatived21.de/d21index22-23/ (Zugriff am 11.06.2023).

Dobusch, L. (2016): Rezension: »Kultur der Digitalität« von Felix Stalder https://netzpolitik.org/2016/rezension-kultur-der-digitalitaet-von-felix-stalder/ (Zugriff am 27.11.2022).

Dreier, R. (2019): Welcher Messenger passt für die soziale Arbeit? https://www.caritas.de/neue-caritas/heftarchiv/jahrgang2019/artikel/welcher-messenger-passt-fuer-die-soziale-arbeit (Zugriff am 05.02.2023).

DRK-Wohlfahrt (2021): Qualifizierungsreihe Digitale Ehrenamtskoordination. https://drk-wohlfahrt.de/fileadmin/user_upload/Infoblatt_Digitale-Ehrenamtskoordination.pdf (Zugriff am 23.02.2023).

Ems, K. (2020): Erklärt in 4 Min. Tripelmandat der Sozialen Arbeit. Beispiel aus der Kinder und Jugendhilfe. https://youtu.be/XQdduv3NNq0 (Zugriff am 18.12.2022).

Firsching, J. (2022): Snapchat Statistiken für 2022: Nutzerzahlen, Snapchat Spotlight, Nutzungsdauer & Snap Map. https://www.futurebiz.de/artikel/snapchat-statistiken-nutzerzahlen/#:~:text=Snapchat%20gibt%20f%C3%BCr%20Deutschland%20eine,sind%20somit%202022 %20leicht%20angestiegen (Zugriff am 09.03.2023).

IFSW (2018): Global Social Work Statement of Ethical Principles. https://www.ifsw.org/global-social-work-statement-of-ethical-principles/ (Zugriff am 16.12.2022).

In der Gemeinde leben gGmbH (o. J.): Die PIKSL Labore. https://piksl.net/ (Zugriff am 03.04.2023).

JFF – Institut für Medienpädagogik (2021): Digital Streetwork. https://www.jff.de/kompetenzbereiche/projektdetail/digital-streetwork/ (Zugriff am 02.02.2023).

Kemp, S., Kepios (2020): Digital 2020: Germany. https://www.slideshare.net/DataReportal/digital-2020-germany-january-2020-v01?ref=https://wearesocial.com/ (Zugriff am 28.03.2023).

Kemp, S., Kepios (2023): Digital 2023 Germany. https://wearesocial.com/de/blog/2023/01/digital-2023 (Zugriff am 15.01.2023).

Klinger, S./Mayr, A. (o. J.): Soziale Dienstleistung im Zeitalter der Digitalisierung – Digitale Transformationsprozesse aktiv mitgestalten. https://digital-at-socialwork.uni-graz.at/de/ (Zugriff am 18.12.2022).

Kramp, M. (2020): Soziale Arbeit als Menschenrechtsprofession: »Wir dürfen uns nicht auf das doppelte Mandat beschränken«. https://www.contec.de/blog/beitrag/soziale-arbeit-als-menschenrechtsprofession/ (Zugriff am 18.12.2022).

Kreer, C. (o. J.): Casey Kreer. https://conesible.de/ (Zugriff am 02.04.2023).

Külling, C./Waller, G./Suter, L./Willemse, I./Bernath, J./Skirgaila, P./Streule, P./Süss, D. (2022): JAMES – Jugend, Aktivitäten, Medien – Erhebung Schweiz. https://www.zhaw.ch/storage/psychologie/upload/forschung/medienpsychologie/james/2018/Bericht_JAMES_2022_de.pdf (Zugriff am 02.02.2023).

Kunze, A. B. (2019): Silvia Staub-Bernasconi: Soziale Arbeit und Menschenrechte. https://www.socialnet.de/rezensionen/16449.php (Zugriff am 15.12.2022).

Lutz, R. (2020): Triplemandat. https://www.socialnet.de/lexikon/Tripelmandat#quelle_ref (Zugriff am 15.12.2022).

Matthies, A./Tetens, J./Wahren, J. (2023): Digitalisierung verändert Soziale Arbeit – Zentrale Ergebnisse der bundesweiten Pulsbefragung. https://www.digitasa.de/ergebnisse (Zugriff am 31.03.2023).

Miethke, L. (2023): »Es gibt viele junge Menschen, die Angst haben, in die Schule zu gehen«. https://www.sueddeutsche.de/muenchen/muenchen-digititale-streetworker-sarah-rieger-anna-lena-keerl-1.5737656 (Zugriff am 24.01.2023).

Moskaliuk, J. (2020): Digitalisierung vs. Digitalität. Wie wollen wir in Zukunft lernen? https://www.transferagentur-hessen.de/fileadmin/user_upload/03_Mediathek/Fachbeitraege/201203_Moskaliuk_Fachbeitrag.pdf (Zugriff am 14.06.2023).

Müller, C. (2022): digi@socialwork im Sozialgespräch-Podcast: Fachkräfte der Sozialen Arbeit in der Digitalen Transformation https://www.sozial-pr.net/digisocialwork/ (Zugriff am 31.01.2023).

Müller, C. (2023): AWO DigiTeilhabe: Digitale Teilhabe aus der Praxis, für die Praxis #Podcast. https://www.sozial-pr.net/awo-digiteilhabe/ (Zugriff am 31.01.2023).

Najibi, A. (2020): Racial Discrimination in Face Recognition Technology. https://sitn.hms.harvard.edu/flash/2020/racial-discrimination-in-face-recognition-technology/ (Zugriff am 12.04.2023).

Rodenbeck Schäfer, M. (2023): Recruiting über Team-Landing Pages statt über Stellenanzeigen: Der Team-O-Mat der Johannesstift Diakonie. https://recruiting2go.de/personalmarketing/recruiting-ueber-team-landing-pages-statt-ueber-stellenanzeigen-der-team-o-mat-der-johannesstift-diakonie/#more-7152 (Zugriff am 15.03.2023).

Schubert, D. (o. J.): Daniela Schubert. https://www.linkedin.com/in/daniela-schubert-129329153/ (Zugriff am 02.04.2023).

Stadler, F. (2021): Kultur der Digitalität (5. Aufl.). Berlin.

Staub-Bernasconi, S. (2007): Dienstleistung oder Menschenrechtsprofession? Zum Selbstverständnis Sozialer Arbeit in Deutschland mit einem Seitenblick auf die internationale Diskussionslandschaft. In: Staub-Bernasconi, S. (Hg.): Ethik Sozialer Arbeit: Ein Handbuch (S. 20–53). Paderborn-Schöninghausen.

Stieler, M./Lipot, S./Lehmann, R. (2022): Zum Stand der Onlineberatung in Zeiten der Corona-Krise. Entwicklungs- und Veränderungsprozesse der

Onlineberatungslandschaft. e-beratungsjournal, 18 (1), Artikel 4. Online verfügbar unter: https://www.e-beratungsjournal.net/wp-content/uploads/2022/03/stieler_lipot_lehmann.pdf (Zugriff am 29.03.2022).

Tagesschau Redaktion (2021): Corona-Schub für kontaktloses Bezahlen. https://www.tagesschau.de/wirtschaft/verbraucher/kontaktloses-bezahlen-deutschland-bitkom-studie-101.html (Zugriff am 02.01.2023).

Thiersch, H. (2017): Das Konzept Lebensweltorientierte Soziale Arbeit, für meine Enkel skizziert. https://www.hans-thiersch.de/Hans-Thiersch.de/Veroeffentlichungen_files/Elementare%20Einfu%CC%88hrung%20in%20die%20lebensweltorientierte%20Soziale%20Arbeit%202019.pdf (Zugriff am 02.12.2022)

Web Redaktion (2021): Digital Recruiting jetzt! – Mit Chat-Bots den Pflegenachwuchs sichern. https://www.caritas-digital.de/digital-recruiting-jetzt-mit-chat-bots-den-pflegenachwuchs-sichern/ (Zugriff am 04.03.2023).

Zentrum für digitale Arbeit (2021): Digitalisierung, Digitale Transformation und Digitaler Wandel – eine Begriffserklärung. https://www.zentrum-digitale-arbeit.de/wissenspool/innovative-wertschoepfung-und-geschaeftsmodelle/digitale-transformation-und-wertschoepfung/digitalisierung-digitale-transformation-und-digitaler-wandel-eine-begriffsklaerung (Zugriff am 14.06.2023)